KB145419

3·4·5 단어로 끝내는

비즈니스 영어회화

3·4·5단어로 끝내는
비즈니스 영어회화

지은이 유진영
펴낸이 정규도
펴낸곳 (주)다락원

초판 1쇄 발행 2021년 1월 11일
초판 2쇄 발행 2023년 3월 17일

편집총괄 장의연
책임편집 권경현
디자인 하태호
전산편집 정규옥

다락원 경기도 파주시 문발로 211
내용문의: (02)736-2031 내선 523
구입문의: (02)736-2031 내선 250~252
Fax: (02)732-2037
출판등록 1977년 9월 16일 제406-2008-000007호

값 13,500원

ISBN 978-89-277-0134-7 13740

www.darakwon.co.kr

다락원 홈페이지를 방문하시면 상세한 출판 정보와 함께 여러 도서의 동영상 강좌, MP3자료 등 다양한 어학 정보를 얻으실 수 있습니다.

국내 최고 회계법인 뉴욕사무소 회계사 출신의

3·4·5단어로 끝내는 비즈니스 영어회화

유진영 지음

비즈니스 영어,
짧아야 정확하다!

DARAKWON

"비즈니스 영어, 짧고 명확해야 잘 통합니다."

이런 표현 자주 사용하지 않으세요? 지금부터 영어로 한번 말해보시겠습니까?

- 계약금 30%는 받아야 합니다.
- 더 빨리 배송 가능할까요?
- 2주 이내 지불 부탁드립니다.

- 설치까지 해주실 수 있나요?
- 운송비는 고객부담입니다.
- 배송이 곧 시작될 겁니다

- 이 모델 견적 내주시겠어요?
- 계산서 결제가 아직 안 됐는데요.
- 혹시 멀티탭 남는 거 있나요?

위 표현들은 비즈니스 상황에서 정말 자주 쓰는 대표적인 표현입니다. 이러한 표현이 바로 떠오르지 않는다면 사실 비즈니스하기는 쉽지 않죠. 2~3문장 정도 겨우 떠올리신 분이라면, 영어로 업무를 하면서 전화, 회의, 협상, 식사, 회사 방문, 공항, 이메일까지 모든 비즈니스 상황에서 바로 쓸 수 있는 표현들을 먼저 집중적으로 학습하는 것이 필요합니다. 그래서 이 책의 목표는 해외와 업무를 진행하면서 발생하는 가장 많이 쓰는 표현을 가장 쉬운 표현으로 최단 시간에 효율적으로 습득하는 것입니다.

이 책은 '가장 중요한 것을 먼저 한다'는 원칙 하에 3, 4, 5개의 단어로 이루어진 짧고 간단하면서도 실제 업무환경에서 가장 많이 쓰이는 표현 100개로 구성하였습니다. 하루하루 꾸준히 공부한다면 막연하게 하기 어렵다고 생각되던 비즈니스 영어에 쉽게 접근할 수 있게 될 것을 확신합니다. 제가 진짜 뉴욕에서 쓰던 표현들이니까요.

이런 분들을 생각하면서 이 책을 썼습니다.

- 회사에서 당장 영어 이메일/회화를 해야 하는 직장인
- 해외무역을 위한 필수 기초 영어가 필요한 자영업자
- 시험 영어가 아닌 실무영어를 시작하고자 하는 대학생/사회초년생
- 가장 기초적이면서도 핵심적인 영어를 단기간에 공부하고자 하는 비즈니스인

저의 커리어를 돌아보면, 영어 때문에 좌충우돌하면서 누가 좀 도와줬으면 좋겠다는 생각을 했던 기억이 납니다. 이제 제가 여러분을 돕는 역할을 하고자 합니다. 향상된 영어 실력으로 커리어 도약을 위해 노력하는 여러분께 이 책을 권합니다.

책을 읽으시면서 문의 사항이 있으면 언제든지 이메일(jyyoo131@gmail.com)로 연락해주시기 바랍니다. 감사합니다.

유진영

3·4·5단어 비즈니스 영어표현 100개

3, 4, 5개의 단어로 이루어진, 간단하면서도 실제 업무환경에서 가장 많이 쓰는 꼭 필요한 표현 100개를 뽑았습니다. '이렇게 간단한 표현을 쓴다고?' 네, 맞습니다. 비즈니스 환경에서 시간은 곧 돈이기 때문에 생각보다 짧은 표현들을 정말 많이 씁니다. 그래서 길고 수려한 표현보다 짧고 명확한 표현을 우선으로 학습해야 합니다.

대표 대화문

실무를 하면서 가장 흔하게 접하게 되는 일반적인 상황을 선정하여 관련 단어와 표현을 포함한 대표 대화문을 구성했습니다. 머릿속으로 상황을 그리면서 '아, 실무에서는 이렇게 표현하는구나!'라고 느끼시면서 소리 내 반복해서 학습하는 것을 추천합니다.

Extras +

확장해서 쓸 수 있는 표현과 유사한 표현, 유용한 부연 설명을 제공합니다. 여기서는 표현의 뉘앙스 차이, 주의하여야 할 사항, 해서는 안 될 콩글리시 표현도 함께 다룹니다. 어떤 실수를 주의할지 메모하면서 학습하면 더욱 효과적입니다.

발음팁

대표 표현을 어떻게 발음하고 어디에 강세를 두는지 연습하도록 구성했습니다. 직관적으로 알 수 있도록 한글 기호를 넣고 강세를 표시하여 강약을 눈으로 보면서 쉽게 따라 할 수 있도록 하였습니다. 꼭 소리 내 표현하세요.

/

Short Talks +

대표 대화문에서 다룬 주요 표현을 활용한 짧은 대화입니다. 실제 비즈니스 현장에서 이루어지는 생생한 예문을 수록하였으며 이를 통해 주요 표현에 대한 보다 깊이 이해를 하고 풍부한 회화 실력을 기를 수 있습니다.

/

Voca

대표 대화문과 Short Talks에 등장하는 주요 단어를 정리했습니다.

/

Review

다섯 개 대표 표현을 학습한 다음 〈한영 영어 말하기〉, 〈영영 영어 말하기〉로 복습할 수 있도록 구성했습니다.

목차

5단어 **비즈니스 영어표현**

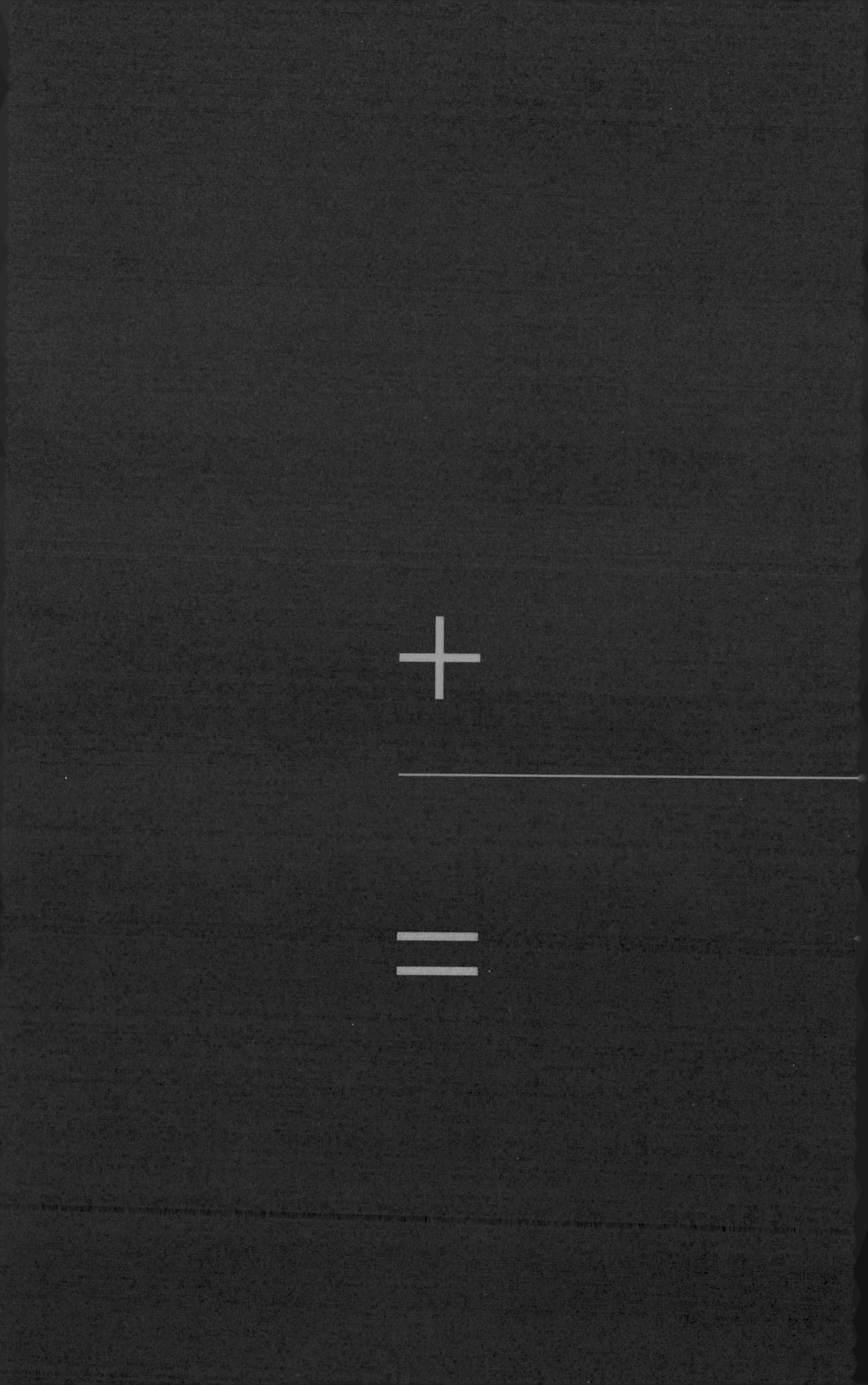

3단어 비즈니스 영어표현 → 010

4단어 비즈니스 영어표현 → 045

5단어 비즈니스 영어표현 → 045

3·4·5단어 비즈니스 영어표현 100

001 | That's too late. 너무 늦어요.

MP3 001

제품을 구매하기로 했는데, 판매자가 제시하는 배송 시점, 즉 납기가 너무 늦을 때 이렇게 말할 수 있습니다.

A **Let's talk about the time of delivery.**

B **We can deliver the goods in 6 weeks.**

A **Wait a minute.** [1] What's the date today**?**

B **Today is May 20th.**

A **That's too late.** [2] We need the items by **end of June,** [3] at the latest**.**

B **We'll be able to** [4] move up the date **a bit. Don't worry about it.**

A 배송 시점에 관해 얘기합시다.
B 저희는 6주 후에 제품 배송이 가능합니다.
A 잠시만요. 오늘 날짜가 어떻게 되나요?
B 오늘은 5월 20일입니다.
A 너무 늦어요. 저희는 6월 말까지 물건이 필요합니다. 늦어도요.
B 날짜를 약간 앞당길 수 있을 것 같아요. 걱정하지 마세요.

더 다양하게 말하는 표현

Extras +

■ **추가 표현**
What day is it today? 오늘 무슨 요일이에요?

□ **날짜 표시 방법**
〈일+월〉 형식으로 쓰는 경우도 있다
Today is 20th of May. 오늘은 5월 20일입니다.

● **배송 날짜를 앞당기다 move up the date**
'앞당기다'라고 할 때 move up the date 대신 prepone the delivery라고 해도 될까? prepone은 '앞당기다'라는 의미가 있는 단어이긴 하지만 postpone(연기하다)과는 달리 거의 쓰이지 않는다.

발음팁 [댓ㅊ 투우 레잍] That's too late.

'너무' 늦었다고 어필하는 것이므로 too(너무)의 '투'와 late(늦은)의 '레'를 강조합니다.

대화로 기억하세요.

Short **Talks +**

1 **What's the date today?** 오늘 날짜가 어떻게 되나요?

A What's the date today?

B July 31st.

A 오늘 날짜가 어떻게 되나요?

B 7월 31일이요.

2 **We need the items by+시점** ~까지 물건이 필요합니다

A We need the items by 4 PM today.

B We'll send them by express delivery service.

A 오늘 오후 4시까지 물건이 필요합니다.

B 퀵 서비스로 보낼게요.

3 **at the latest** 늦어도

A This needs to be done by next Monday, at the latest.

B May I come to the office on Sunday?

A 이거 다음 주 월요일까지 완료돼야 합니다. 늦어도요.

B 일요일에 출근해도 될까요?

4 **move up the date** 날짜를 앞당기다

A I have an appointment next Wednesday. Can I move up the date?

B Is Tuesday afternoon okay for you?

A 다음 주 수요일에 약속을 잡아 놓았는데요. 날짜를 앞당길 수 있을까요?

B 화요일 오후는 어떠신가요?

자주 쓰는 단어 **Voca**

express delivery service 퀵 서비스 **appointment** (공식적인) 약속

002 | That's too high. (가격이) 너무 높아요.

MP3 002

물품을 구매해야 하는데 판매자가 지나치게 높은 가격을 부를 때 비싸다고 어필하는 표현입니다. 반대로 제품을 판매할 때 고객이 지나치게 낮은 가격을 부르면 That's too low.(너무 낮은데요) 라고 할 수 있습니다.

A [1] That's what our product looks like. What do you think?

B They look great! We are happy with them.

A We are thinking about 500 dollars per unit.

B Sorry, [2] that's too high. [3] We've had better offers from other companies.

A [4] Can we go down to 450?

B That sounds better. But it's not enough yet.

A 저희 제품은 이렇습니다. 어떠세요?
B 좋아 보이는데요! 만족합니다.
A 저희는 개당 500달러 정도로 생각하고 있습니다.
B 죄송합니다만, 너무 높아요. 타사에서 더 나은 제안을 받아서요.
A 450달러에 맞춰드리면 어떨까요?
B 좀 낫네요. 하지만 그것도 충분하지는 않습니다.

더 다양하게 말하는 표현

Extras +

■ **'비싸다'를 뜻하는 추가 표현**

It's too expensive. 너무 비싼데요.
We can't afford that. 그거 살 여력이 안 되네요.
The repair is too costly. 수리에 돈 너무 많이 들어가는데요.

발음팁 [댓ㅊ 투우 하이] That's too high.

'너무' 높다고 어필하려는 것이므로 too(너무)의 '투'와 high(높은)의 '하'를 강조합니다.

대화로 기억하세요.

Short **Talks +**

1

That's what sth/sb looks like ~가 이렇게 생겼습니다

A Do you have a picture of Mr. Paul Kim? I need to pick him up.

B There you go. That's what he looks like.

A 폴 킴님 사진 있나요? 차에 태우러 가야 돼서요.

B 여기요. 그분 이렇게 생겼어요.

2

That's too high 너무 높아요(비싸요)

A One for 80. Two for 150!

B That's too high. Two for 100, okay?

A 한 개에 80. 두 개는 150이에요!

B 너무 비싸요. 두 개 100으로 해요. 네?

3

We've had better offers from sb ~에서 더 나은 제안을 받았어요

A We've had better offers from another partner.

B How much did they offer? I can go lower.

A 다른 협력사로부터 더 나은 제안들이 있었어요.

B 얼마 제시하던가요? 그거보다 싸게 드릴 수 있어요.

4

Can we go down to+숫자? ~로 낮추면(맞추면) 어떨까요?

A At that price, we'd have to walk. I'm sorry.

B Can we go down to 70 dollars a unit?

A 그 가격이라면 저희는 퇴장하는 것이 좋겠어요. 죄송합니다.

B 개당 70달러로 낮추면 어떨까요?

자주 쓰는 단어 **Voca**

picture 그림, 사진

walk (협상 등에서) 퇴장하다

003 | I'm all set. 준비됐어요.

MP3 003

풀어서 얘기하면 '준비됐으니 이제 발표, 회의 시작하셔도 됩니다'라는 뜻입니다. 또는 다 같이 얘기하는 상황에서 급한 전화가 와서 받았다면, 전화를 끊고 나서 이렇게 말할 수 있습니다. '하던 얘기로 다시 돌아갈 준비가 됐다'는 의미입니다.

A **Good morning, Mr. Johnson!**

B **Good morning!** [1] How's everything?

A [2] I'm getting prepared for **the meeting.** [3] I'm nearly done.

B [4] Is the **screen** working? **Is it on?**

A **Just give me two seconds. I'm all set.**

B **Good. What's on the agenda today?**

A 존슨 부장님 안녕하세요!
B 안녕하세요! 별일 없으시죠?
A 회의 준비를 하고 있어요. 거의 끝났습니다.
B 화면 나오나요? 켜져 있는 건가요?
A 잠시만요. 준비됐어요.
B 네. 오늘 주제는 뭔가요?

더 다양하게 말하는 표현

Extras +

■ **회의를 준비할 때 쓰는 표현**
I'm ready. 준비됐어요.
It's turned on. 이거 (전원이) 켜져 있어요.
One moment, please. 잠시만요.
What is it about today? 오늘 다룰 내용은 뭔가요?

□ **구입하다 purchase vs. buy**
둘 다 '구입하다', '매입하다'로 같은 의미지만 purchase는 buy보다 포멀한 단어로, 노력을 많이 하고 신중하게 구입한 뉘앙스가 있다.

발음팁 [암 올 쎗] I'm all set.

'세팅이 끝났다' 즉, '준비됐다'라는 뜻이므로 set에 강세를 줍니다.

대화로 기억하세요.

Short **Talks +**

1

How's everything? 별일 없으시죠? (다 잘 되어가고 있죠?)

A How's everything? You look upset.

B I just lost a file I was working on. I didn't know it wasn't auto-saved.

A 별일 없으시죠? 표정이 안 좋아 보여요.

B 작업하던 파일을 방금 날렸어요. 자동저장이 안 되는지 몰랐네요.

2

get prepared for sth ~를 준비하다

A Can you give me a hand for a while?

B Sorry, I can't. I need to get prepared for the year-end filing.

A 저 잠시 도와주실 수 있으세요?

B 죄송합니다. 안 되겠어요. 연말 신고서 준비해야 돼서요.

3

I'm nearly done with sth ~를 거의 끝냈어요.

A I'm nearly done with the purchase order. What else do I have to do?

B Can you send that file to the supplier?

A 주문서 작성 거의 끝냈어요. 또 뭘 하면 되죠?

B 그 파일을 공급자한테 보내주시겠어요?

4

Is the ~ working? ~가 (작동)되나요?

A We need 7 copies for the meeting.

B Is the printer working now? In the morning, it didn't.

A 회의를 위해 복사본 7부가 필요합니다.

B 프린터 지금 되나요? 아침에는 안 됐는데.

자주 쓰는 단어 **Voca**

lose a file 파일을 날리다
year-end filing 연말 신고
purchase order 주문서
supplier 공급자, 납품업자

004 | Say that again? 다시 말씀해주실래요?

MP3 004

모든 비즈니스 상황에서 상대방이 하는 말을 잘 못 알아들었을 때 흔히 쓰는 표현입니다. 무례한 표현이 아니니 정확히 들어야 하는 상황에서 적극적으로 사용하세요.

A **Hi, this is John Adams.** [1] Could I speak to **Ms. Choi, please?**

B **Hi, John. This is she. What can I do for you?**

A **I'm afraid I have to cans da mee.(cancel the meeting)**

B [2] Say that again? [3] We have a bad connection.

A **I'm afraid I have to cancel the meeting. Do you hear me now?**

B **Oh, that's too bad.** [4] I'll let **my boss** know.

A 여보세요. John Adams입니다. 최부장님과 통화할 수 있을까요?
B John 안녕하세요. 전데요. 뭘 도와드릴까요?
A 미안하지만, 회를 치으 해야 쏘...(회의를 취소해야겠어요)
B 다시 말씀해 주실래요? 연결 상태가 안 좋네요.
A 미안하지만, 회의를 취소해야 할 것 같아요. 이제 들리시나요?
B 아, 저런. 저희 상사께 말씀드려 놓을게요.

더 다양하게 말하는 표현

Extras +

■ **통화 문제 관련 추가 표현**
We keep getting cut off. 전화가 계속 끊겨요.

□ **Pardon? Sorry? What?**
이런 표현은 너무 짧아 상대방의 기분을 상하게 할 수 있으니 가급적 쓰지 않는 것이 좋다.

● **You can say that again.**
이 표현은 '다시 말해도 좋아요.'가 아니라 '정말 그래요!', '맞는 말이에요!', '당신 말에 전적으로 동감해요'라는 의미다. Say that again?과 혼동하지 말자.
A It's already midnight and I'm really getting tired. Can we continue tomorrow?
벌써 자정이 다 됐네요. 너무 피곤해요. 저희 내일 계속해도 될까요?
B You can say that again! Let's meet up at 10. 맞는 말이에요! 10시에 다시 만나요.

발음팁 [쎄이 대러겐?] Say that again?

다시 '말해달라'고 요청하는 것이므로 say(말하다)의 '쎄'가 중요하니 이를 강조합니다. that과 again은 '대러'로 연음해서 발음합니다.

대화로 기억하세요.

Short **Talks +**

1

Could I speak to sb? ~와 통화할 수 있을까요?

A Hello, could I speak to Simon in the After-Sales Service Team?

B One moment, please. May I ask what it's about?

A 애프터 서비스팀의 사이먼과 통화할 수 있을까요?

B 잠시만 기다려주세요. 무슨 일인지 여쭤봐도 될까요?

2

Say that again? 다시 말씀해주실래요?

A I hab no kloo vere Mr. Ramesh ee.(I have no clue where Mr. Ramesh is)

B Say that again? I can hardly hear you.

A 라메쉬 씨그 어이 있응지 오게스요.(라메쉬 씨가 어디 있는지 모르겠어요.)

B 다시 말씀해주실래요? 잘 안 들려요.

3

We have a bad connection 연결 상태가 안 좋네요

A I can't hear you well. We have a bad connection.

B Just hang up! I'll call you back.

A 잘 안 들려요. 연결 상태가 안 좋네요.

B 일단 끊으세요! 제가 다시 전화드릴게요.

4

I'll let sb know ~에게 알릴게요

A The boarding gate has changed to No. 25. Can you text Sophie?

B Sure. I'll let her know.

A 탑승 게이트가 25번으로 변경됐네요. 소피한테 메시지 보내주시겠어요?

B 네. 알려줄게요.

자주 쓰는 단어 **Voca**

after-sales service 애프터 서비스
hardly 거의 ~아니다(없다)
connection 연결, 접속
boarding gate 탑승 게이트

005 | That sounds interesting. 흥미롭네요.

MP3 005

밝은 표정으로 이렇게 말하면 상대방이 하는 말을 관심 있게 잘 듣고 있다는 긍정적인 신호를 줄 수 있습니다.

A [1] When did you join Company Makpal?

B I joined Makpal 2 years ago. [2] I've been working in overseas sales for the last 7 years.

A Is Germany a big market in your company?

B Definitely. We have other customers in Frankfurt and Munich.

A [3] That sounds interesting. You should [4] know a lot about German culture as well.

B I think I do. It's my third time in Duesseldorf this year already.

A 막팔사에는 언제 입사하셨어요?
B 막팔사에는 2년 전에 입사했습니다. 해외 영업 분야에 종사한 지는 7년 됐습니다.
A 다니시는 회사에서는 독일이 큰 시장인가요?
B 물론입니다. 프랑크푸르트와 뮌헨에도 다른 고객이 있어요.
A 흥미롭네요. 독일 문화에 대해서도 많이 알고 계시겠어요.
B 그런 것 같아요. 올해 벌써 뒤셀도르프에 세 번째 오네요.

더 다양하게 말하는 표현

Extras +

■ **입사하다 start working for**
'입사하다'라고 할 때 join대신 start working for를 사용해서 말해보자.
When did you start working for Makpal? 막팔사에는 언제 입사하셨어요?

□ **interesting < exciting**
interesting 대신 exciting을 쓰면 좀더 강한 리액션을 표현할 수 있다.
That sounds exciting! 그거 재미있을 거 같은데요!

발음팁 [댓 사운즈 인춰뤠스팅] That sounds interesting.

interesting(흥미로운)의 앞부분 '인'을 강조합니다. '인터뤠스팅'이 아니라 '인춰뤠스팅' 임에 주의!

대화로 기억하세요.

Short **Talks +**

1 **When did you join+회사명?** ~에 언제 입사하셨어요?

A I've been working here for a very long time.

B When did you join T&G?

A 전 여기에서 아주 오랫동안 일했어요.

B 티앤지에 언제 입사하셨어요?

2 **I've been working in sth** ~에 근무(종사)하고 있습니다

A I've been working in accounting since my first day here.

B Are you good with numbers?

A 입사 첫날부터 회계부서에서 근무하고 있습니다.

B 숫자에 밝으신가요?

3 **That sounds interesting** 흥미롭군요

A I've been here in Daegu many times.

B That sounds interesting. What brought you here?

A 여기 대구에 많이 와봤습니다.

B 흥미롭군요. 무슨 일로 여기 오셨던 거예요?

4 **know a lot about sth** ~에 대해 잘 알다

A It seems you know a lot about Korean people.

B I used to live in Pangyo for about 3 years.

A 한국 사람들에 대해 잘 아시는 것 같아요.

B 판교에서 약 3년 산 적이 있어요.

자주 쓰는 단어 **Voca**

join 합류하다, 회사에 입사하다 **accounting** 회계

Review

한영 영어 말하기 001~005

앞에서 배운 문장을 말해보세요.

표시된 부분이 바로 떠오르지 않는다면 해당 부분으로 돌아가 패턴과 표현을 확인하세요.

01 약간 날짜를 앞당길 수 있을 것 같아요. 001

02 이거 다음 주 월요일까지 완료돼야 합니다. 늦어도요. 001

03 450에 맞춰드릴 수 있을까요? 002

04 죄송해요. 너무 높은데요. 타사에서 더 나은 제안을 받아서요. 002

05 잠시만요. 준비됐어요. 003

06 주문서 작성을 거의 끝냈어요. 003

07 잘 안 들려요. 연결 상태가 안 좋네요. 004

08 다시 말씀해 주실래요? 004

09 티앤지에 언제 입사하셨어요? 005

10 숫자에 밝으신가요? 005

영영 영어 말하기 001~005

왼쪽에서 복습한 문장을 영어로 완성해보세요.
문장을 완성하고 다시 한번 입을 열어 말해보세요.

01 We'll be able to ________ ________ the date a bit.

02 This needs to be done by next Monday, at ________ ________.

03 Can we go ________ to 450?

04 Sorry, that's too ________. We've had better ________ from other companies.

05 Just give me two seconds. I'm all ________.

06 I'm ________ done with the ________ order.

07 I can't hear you well. We have a bad ________.

08 ________ that again?

09 When did you ________ T&G?

10 Are you ________ with numbers?

01 move up 02 the latest 03 down 04 high, offers
05 set 06 nearly, purchase 07 connection 08 Say 09 join 10 good

006 | Can you continue? 계속해주시겠어요?

MP3 006

대화 중에 상대방이 어떤 이유로 잠깐 중단했을 때, 또는 상대방에게서 듣고 싶은 말이 있어서 멈추지 말고 계속하라고 독려할 때 쓰는 표현입니다.

A If you do an upgrade, I can give you a bigger car with extra benefits.

B [1] Can you continue?

A The upgrade costs 100 dollars per day. [2] It comes with free fuel, unlimited mileage, and comprehensive insurance.

B No thanks. [3] I'll just stick to my reservation.

A No problem. There's your key and the documents. Have a nice trip!

B Oops. [4] The car won't start.

A 업그레이드를 선택하신다면 큰 차를 드릴 수 있고 추가 혜택도 챙겨드릴 수 있어요.
B 계속해주시겠어요?
A 업그레이드 가격은 하루 100달러입니다. 여기에는 무료 연료, 무제한 주행거리 및 종합 보험이 같이 제공됩니다.
B 안 하는 게 좋겠네요. 원래 예약대로 할게요.
A 알겠습니다. 열쇠랑 서류 여기 있어요. 좋은 여행 되세요!
B 앗. 시동이 안 걸리는데요.

더 다양하게 말하는 표현

Extras +

■ **비슷한 표현**
Can you go on? 계속해주시겠어요?

□ **렌터카 회사에서 쓸만한 표현**
I forgot to fill up. 기름 채우는 걸 깜빡했어요.
I prefer automatic. 자동을 선호합니다.
I can't drive manual cars. 수동 차량 운전을 못 해요.

발음팁 [캔 유 컨티뉴?] Can you continue?

continue(계속하다)가 2음절에 강세가 있으므로 '티'를 강조합니다.

대화로 기억하세요.

Short **Talks +**

1 **Can you continue?** 계속해주시겠어요?

A I'll show you 3 samples. The one I like most is...

B Can you continue?

A 세 가지 샘플을 보여드릴게요. 제가 가장 좋아하는 것은….

B 계속해주시겠어요?

2 **It comes with sth** 이것에는 ~가 같이 제공됩니다

A So, how much do I have to pay?

B Only 20% today. It comes with free shipping.

A 그래서 제가 얼마를 내야 하는 거죠?

B 오늘은 20%만 내시면 됩니다. 무료 배송도 같이 제공됩니다.

3 **I'll stick to sth** 원래대로 ~로 할게요

A Are we buying from the new vendor?

B No, I'll stick to my good old friend.

A 새 공급자한테서 구매할 건가요?

B 아뇨, 원래대로 오래된 좋은 친구한테서 살게요.

4 **The car won't start** 차 시동이 안 걸립니다

A The car won't start. I can't find the keyhole!

B Step on the brake and then press the start key.

A 차 시동이 안 걸려요. 열쇠 구멍을 찾을 수가 없네요.

B 브레이크를 밟고 나서 시동 버튼을 누르세요.

자주 쓰는 단어 **Voca**

benefit 혜택
comprehensive 포괄적인, 종합적인
vendor 공급자
stick to sth ~를 고수하다
start key 시작 버튼, 시동키

007 | Who's calling, please? 누구신가요?

MP3 007

전화가 왔을 때 상대를 확인하는 표현입니다. 일반적으로 걸려온 전화뿐만 아니라 컨퍼런스 콜 중에 화면에서 상대의 얼굴을 확인하지 못할 때도 쓸 수 있습니다.

A Makpal Corporations. How can I help you?

B Hi! I'd like to talk to Ms. Park at Administration.

A [1] Who's calling, please? [2] She's not here at the moment.

B Oh, this is Brown from Donman Company. [3] Can you ask her to call me back?

A Of course. [4] Can you please spell your name for me?

B It's Brown. B for Bravo, R for Robert, O for Orange, W for Woman, and N for Noodles.

A 막팔사입니다. 무엇을 도와드릴까요?
B 안녕하세요! 관리부서 박부장님과 통화를 하고 싶습니다.
A 누구신가요? 박부장님 지금 자리에 안 계세요.
B 돈만사의 브라운입니다. 저한테 전화 다시 해달라고 전해주시겠어요?
A 물론이죠. 성함 스펠링을 알려주실 수 있으신지요?
B 브라운입니다. 브라보의 B, 로버트의 R, 오렌지의 O, 우먼의 W, 누들즈의 N입니다.

더 다양하게 말하는 표현

Extras +

■ **전화 응대 추가 표현**

Who's speaking? (전화상)누구신가요?
This is he(she). 네 접니다.
What can I do for you? 무엇을 도와드릴까요?
What can I help you with? 무엇을 도와드릴까요?
I'll pass you over 바꿔드릴게요.

발음팁 [후으ㅈ 콜링 플리ㅈ?] Who's calling, please?

누구(who) 전화했는지(call)가 중요하니 who의 '후'와 call의 '콜'을 강조합니다.

대화로 기억하세요.

Short **Talks +**

1 **Who's calling, please?** (전화상) 누구신가요?

A Hello? Who's calling, please?

B This is Gary Nicholson from TOP Corporation.

A 여보세요? 누구신가요?

B 저는 TOP사의 개리 니컬슨입니다.

2 **She's not here** 자리에 안 계십니다

A Is Sook-jin there?

B No, she's not here. May I take a message?

A 숙진 씨 계신가요?

B 아뇨. 자리에 안 계십니다. 메시지 남기시겠어요?

3 **Can you ask sb to call me back?** 저한테 전화 다시 해달라고 ~에게 전해주시겠어요?

A Kyle is now in a meeting.

B Can you ask him to call me back?

A 카일은 지금 회의 중이에요.

B 저한테 전화 다시 해달라고 카일에게 전해주시겠어요?

4 **Can you please spell your name?** 성함 스펠링을 알려주시겠어요?

A My name is Djokovic.

B Can you please spell your name?

A 제 이름은 조코비치입니다.

B 성함 스펠링을 알려주시겠어요?

자주 쓰는 단어 **Voca**

corporation (큰 규모의) 기업, 회사

Administration 관리부

spell sth ~의 스펠링을 대다

008 | It's on me. 제가 낼게요.

MP3 008

비즈니스 상황에서 좋은 결과를 이끌어내기 위해 상대에게 식사를 대접하는 경우가 많습니다. 과감하게 계산서를 움켜쥐고 적당히 생색내면서 '제가 쏠게요'라고 말해봅시다.

A Could I have the check?

B [1] Separate bills, please.

A Nono. All together. [2] It's on me. [3] You're my guest today.

B Wow! Appreciate it.

A [4] Hope the negotiation works out in the afternoon.

B It sure will. By the way, is there a parking slip?

A 계산서 가져다주시겠어요?
B 따로 계산해주세요.
A 아닙니다. 같이 해주세요. 제가 낼게요. 오늘은 제가 대접해야죠.
B 와우! 감사합니다.
A 오후 협상이 잘됐으면 좋겠네요.
B 물론 잘될 겁니다. 그런데 주차권이 있을까요?

더 다양하게 말하는 표현

Extras +

■ **'제가 낼게요 (it's on me)'와 유사한 표현**

This is on me. 제가 낼게요.
Let me take the bill. 제가 낼게요.
Could I have the bill? 계산서 가져다주시겠어요? (영국 영어에서는 check 대신 bill을 쓴다)

□ **외국인들이 좋아하는 주요 한식**

한식 이름은 그대로 전달하는 것이 맞지만, 어떤 음식인지 설명해야 할 때가 있다. 이때 이용할 수 있는 표현을 알아보자.

삼겹살 grilled pork belly
삼계탕 ginseng chicken soup
불고기 marinated beef barbecue
해물파전 seafood vegetable pancake
비빔밥 mixed rice with vegetables and a fried egg

발음팁 [잇ㅊ 온 미] It's on me.

'이것(it)'을 '내가(me)' 내겠다는 뜻이므로 '이것'에 해당하는 '잇'과 '나'를 뜻하는 '미'를 둘 다 강조합니다. 중간의 on에서는 살짝 쉰다는 느낌으로 발음합니다.

대화로 기억하세요.

Short **Talks +**

1 **Separate bills, please** 따로 계산해주세요

A Are you guys finished?

B Yeah. Separate bills, please.

A 식사 다하셨어요?

B 네. 따로 계산해주세요.

2 **It's on me** 제가 낼게요

A It's on me. I owe you a lot.

B I'll invite you to coffee and cake.

A 제가 낼게요. 신세 많이 졌습니다.

B 제가 커피와 케이크를 살게요.

3 **You're my guest** 제가 대접해야죠

A You're my guest. Let me treat you this time.

B Oh, really? Can I have another steak and some wine?

A 제가 대접할게요. 이번에는 제가 내게 해주세요.

B 오 정말요? 스테이크 하나랑 와인 추가해도 될까요?

4 **Hope sth works out** ~가 잘됐으면 좋겠네요

A I'm meeting someone tonight for dinner.

B Hope your date works out this time. You need to get married!

A 오늘 밤 저녁 식사하면서 누굴 만나기로 했어요.

B 이번에 데이트가 잘됐으면 좋겠네요. 결혼하셔야죠!

자주 쓰는 단어 **Voca**

check, bill 계산서
marinated 양념에 재워둔
separate 분리된
owe sb sth ~에게 …를 빚지다
negotiation 협상
invite 초대하다
treat 대접하다
parking slip 주차권

009 | Is that it? 그게 다예요?

MP3 009

예상한 것보다 간단히 또는 빨리 끝났을 때나 회의나 발표에서 상대방이 준비한 내용이 충분하지 않을 때 확인차 물어보는 표현입니다. 식당에서 주문한 음식량 등이 충분하지 않을 때 실망감을 드러내며 쓸 수도 있습니다. Is that all?과 같은 뜻입니다.

A [1] Were you looking for me?

B You need to pack an overnight bag. We are flying to Japan tomorrow.

A What do I need to pack? It's my first business trip.

B [2] Make sure you have your wallet and your passport.

A [3] Is that it?

B Yeah, that's all. Everything else [4] doesn't count much.

A 저 찾으셨나요?
B 출장 가방을 싸셔야겠습니다. 우리 내일 일본으로 출장 갈 거예요.
A 무엇을 챙겨야 하나요? 출장이 처음이라서요.
B 지갑이랑 여권 꼭 챙기세요.
A 그게 다예요?
B 네. 그게 다입니다. 나머지 것들은 그다지 중요하지 않아요.

더 다양하게 말하는 표현

Extras +

■ **추가 표현**
You wanted to see me? 저 찾으셨나요?
Please bring your visa and driver's license. 비자랑 운전면허증 챙기세요.

□ **중요하다 count vs. matter**
둘 다 '중요하다(be important)'라는 뜻이지만, count는 주로 긍정문에서 쓰고 matter는 주로 부정문에서 쓴다.
It doesn't matter what your friends think of you. It's the customers that counts.
친구들이 당신에 대해 어떻게 생각하는지는 중요하지 않습니다. 고객이 중요하죠.

발음팁 [이즈 대 릿?] Is that it?

여기서는 '다'라는 뜻으로 쓴 it이 중요하니 it를 강조합니다. That과 it이 연음되어 실제로는 '대릿'으로 발음됩니다.

대화로 기억하세요.

Short **Talks +**

1

Were you looking for me? 저 찾으셨나요?

A Were you looking for me?

B Where have you been? I've been looking for you for ages!

A 저 찾으셨나요?

B 어디 갔다 왔어요? 한참 찾았잖아요!

2

Make sure you have +명사 ~를 꼭 챙기세요.

A I'd better leave now.

B Make sure you have all your belongings with you.

A 지금 나가야겠는데요.

B 소지품 전부 꼭 챙기세요.

3

Is that it? 이게 다예요?

A That's all I have for you today. Any questions?

B Is that it? I was expecting at least 10 minutes. The session is too short.

A 여기까지가 제가 오늘 준비한 내용입니다. 질문 있으신가요?

B 이게 다예요? 최소 10분은 될 줄 알았는데요. 세션이 너무 짧아요.

4

sth count ~가 중요하다(is counting(진행형)으로는 쓰지 않음)

A We lost only a few customers this month.

B Every customer counts in this business. We still need a plan.

A 이번 달 고객 이탈이 몇 없었어요.

B 이 바닥에서는 고객 한명 한명이 중요합니다. 여전히 계획을 마련해 두어야 합니다.

자주 쓰는 단어 **Voca**

overnight bag 출장(여행) 가방
business trip 출장
wallet 지갑
for ages 한참
belongings 소지품

010 | Let's eat out.

MP3 010

밖에 나가서 드시죠.

평소에 구내식당 등에서 식사를 하는데, 특별히 밖에 나가서 평소와 다르게 먹고 싶을 때 '(늘 먹던 곳이 아닌) 밖에 나가서 먹자'는 의미로 이렇게 말하면서 권해보세요.

A [1] Do you have plans **for lunch?**

B **No, I don't.**

A [2] What do you feel like eating?

B [3] Let's eat out. **There's a nice pasta place nearby.**

A **Great! I** [4] was in the mood for **pasta as well.**

B **See you at the lobby in 5 minutes.**

A 점심 약속 있으세요?
B 아뇨. 없어요.
A 뭐 당기시는 거라도?
B 밖에 나가서 드시죠. 근처 파스타 잘하는 곳 있어요.
A 저도 파스타 당겼는데 잘됐네요!
B 5분 뒤에 로비에서 봬요.

더 다양하게 말하는 표현

Extras +

■ **추가 표현**

There's a nice Italian restaurant around the corner. 인근에 이탈리안 맛집이 있어요.

□ **맛집**

'맛집'을 영어로 그대로 옮겨서 tasty place라고 하면 전혀 알아듣지 못한다. 다음과 같이 말하자.

This place is hot!
This is a famous place.
This is the place to go.
This place is a must-visit.
People say this place is pretty good.

발음팁 [렛ㅊ 이라웃] Let's eat out.

먹자(eat)와 밖에서(out)가 중요하니 eat의 '이'와 out의 '아'를 강조합니다. eat의 t는 거의 발음이 안 되므로 out의 '아'와 연음이 되어 실제로는 '라'로 발음됩니다.

대화로 기억하세요.

Short **Talks +**

1 **Do you have plans ~?** ~에 약속 있으세요?

A Hey Rachel, do you have plans tonight?

B I'm planning to work overtime today.

A 레이첼 오늘 밤 약속 있어요?

B 오늘 밤 야근할 거예요.

2 **What do you feel like +동사ing?** ~를 하고 싶으세요?

A What do you feel like doing after work?

B Let's go out for a drink.

A 퇴근하고 뭐하고 싶으세요?

B 한잔하러 가시죠.

3 **Let's eat out** 밖에 나가서 드시죠

A You want me to order some sandwiches for lunch?

B Let's eat out. I need some fresh air.

A 점심으로 샌드위치 주문해 놓을까요?

B 밖에 나가서 드시죠. 상쾌한 공기가 필요해요.

4 **be in the mood for sth** ~가 당기다

A I'm going to the convenience store. Do you need anything?

B I'm in the mood for some ice-cream.

A 편의점에 가는데요. 필요하신 것 있으세요?

B 아이스크림이 당기네요.

자주 쓰는 단어 **Voca**

nearby 부근의, 인근의
at the lobby 로비에서, 프런트에서
after work 퇴근 후
convenience store 편의점
work overtime 야근하다(overtime은 특근, 시간 외 근무, 초과 근무, 잔업 등을 모두 포괄하는 개념이다)

Review

한영 영어 말하기 006~010

앞에서 배운 문장을 말해보세요.

표시된 부분이 바로 떠오르지 않는다면 해당 부분으로 돌아가 패턴과 표현을 확인하세요.

01 원래 **예약**대로 할게요. 006

02 **무료 배송도** 같이 제공됩니다. 006

03 저한테 전화 다시 해달라고 **그분께** 전해주시겠어요? 007

04 성함 스펠링을 알려주실 수 있으신지요? 007

05 제가 낼게요. **오늘은** 제가 대접해야죠. 008

06 **이번에 데이트**가 잘됐으면 좋겠네요. 008

07 **이 바닥에서는 고객 한명 한명**이 중요합니다. 009

08 이게 다예요? **최소 10분은 될 줄 알았는데요. 세션이 너무 짧은데요.** 009

09 **아이스크림**이 **안** 당겨요. 010

10 **근처 파스타 잘하는 곳 있어요.** 010

영영 영어 말하기 006~010

왼쪽에서 복습한 문장을 영어로 완성해보세요.
문장을 완성하고 다시 한번 입을 열어 말해보세요.

01 I'll just ________ to my reservation.
02 It ________ with free shipping.
03 Can you ask him to ________ ________ ________?
04 Can you please ________ your name for me?
05 It's ________ me. You're my ________ today.
06 Hope your date ________ out this time.
07 Every customer ________ in this ________.
08 Is that ________? I was expecting at least 10 minutes.
The session is too ________.
09 I'm not in the ________ for some ice-cream.
10 There's a nice pasta place ________.

01 stick 02 comes 03 call me back 04 spell
05 on, guest 06 works 07 counts, business 08 it, short 09 mood 10 nearby

3단어 비즈니스 영어표현 → 010

4단어 비즈니스 영어표현 → 045

5단어 비즈니스 영어표현 → 045

3·4·5단어 비즈니스 영어표현 100

011 | I report to him(her).

MP3 011

이분은 제 상사입니다.

상사를 모시고 출장 가서 상대측에 상사를 소개할 때 흔히 한국어를 그대로 옮겨서 He(she) is my boss(supervisor).라고 하지만, 원어민은 주로 I report to him(her).라는 표현을 많이 씁니다.

A [1] Let me introduce my team. I'm Yepper Kim and I work on sales.

B Who's the gentleman next to you?

A He is Mr. Hong. He is on distribution.

B Do you work on the same team?

A Yes. Mr. Hong [2] outranks me, though. [3] I report to him.

B Oh, I see. So, [4] what brings you here?

A 저희 팀을 소개할게요. 저는 김예뻐이고 판매를 맡고 있습니다.
B 옆에 계신 분은 누구신가요?
A 이분은 홍상무님입니다. 유통을 담당하고 계십니다.
B 같은 팀 소속인가요?
A 네. 다만, 홍상무님이 저보다 직급이 높으십니다. 제 상사이십니다.
B 아 그렇군요. 무슨 일로 오셨나요?

더 다양하게 말하는 표현

Extras +

■ **상사를 소개하는 다른 표현**

He is my boss. 그는 제 상사입니다.
I work for her. 그는 제 상사입니다.(나는 그를 위해 일합니다.)

□ **김사장은 President Kim, 박과장은 Manager Park?**

영미권은 한국과 달리 직함보다는 역할을 중시한다. 그래서 직함을 붙여 사람을 지칭하는 것보다 단순히 he 또는 she로 말하는 것이 일반적이다. 직함을 표시해야 상황에서는 다음과 같이 쓰자.

사장 president
전무 executive vice president
상무 vice president
이사 director
임원 executive
부장, 차장 general manager
과장 manager
대리 assistant manager

발음팁 [아이 뤼포올 투 힘(허)] I report to him(her).

report(보고하다)의 '포'를 강조합니다. 보고의 대상이 되는 사람 즉, 상사가 누구인지 분명히 하고자 할 때는 '힘'(또는 '허')도 강조합니다.

대화로 기억하세요.

Short **Talks +**

1 **Let me introduce sb** ~를 소개할게요

A Let me introduce Paula. She works as a branch manager in LA.

B Pleasure to meet you Paula. Your hair looks amazing!

A 폴라를 소개할게요. LA에서 지점 관리자로 계세요.

B 만나서 반가워요. 폴라. 머리 아주 멋진데요?

2 **outrank sb** ~보다 높은 직급이다

A I outrank Jenny. She works for me.

B So, Jenny is subordinated to you. I get it.

A 제가 제니의 선임입니다. 제니는 제 아래에서 일합니다.

B 그렇다면 제니가 아랫사람이군요. 이해했습니다.

3 **report to sb** ~에게 보고를 하다/~가 상사다

A Who do you report to?

B I report to Ms. Hwang. She is my immediate supervisor.

A 상사분이 누구신가요 (누구한테 보고하시나요)?

B 황부장님이 제 상사입니다. 그분이 제 직속 관리자입니다.

4 **What brings you here?** 무슨 일로 오셨나요?

A What brings you here?

B Hi, my name is Roger and I have an appointment with Mr. Nadal.

A 무슨 일로 오셨나요?

B 안녕하세요. 전 로저라고 합니다. 나달 씨를 뵙기로 했는데요.

자주 쓰는 단어 **Voca**

branch 지점
outrank ~보다 직급이 더 높다
subordinate 종속된, 하급자, 종속시키다
immediate supervisor 직속 관리자

012 | The handouts are here.

MP3 012

회의자료 여기 있습니다.

회의에 필요한 자료를 준비해서 참석자들에게 전달할 때 쓰는 표현입니다. 회의자료를 직접 건네줄 때도 쓸 수 있고, 테이블 위나 특정 장소에 두었을 때는 장소를 가리키면서 이렇게 말하세요.

A **Hi, Mr. Park. Welcome to the meeting.**

B **Any copies of the agenda?**

A [1]The handouts are here. **The meeting** [2]will be **about 30 minutes** long.

B **I need to leave** [3]at **20** past, **though.**

A **Fine. I'll let you** [4]go through **your agenda at the beginning.**

B **Great. Can we start in 2 minutes?**

A 박대리님 안녕하세요. 회의에 잘 오셨습니다.
B 회의자료 있나요?
A 회의자료 여기 있습니다. 회의는 약 30분 소요될 예정입니다.
B 그런데 제가 20분에는 일어나야 하는데요.
A 괜찮습니다. 회의 초반에 맡으신 주제를 다루어주시면 되겠습니다.
B 알겠습니다. 2분 후 시작할 수 있을까요?

더 다양하게 말하는 표현

Extras +

■ **회의 때 자주 쓰는 표현**

The agenda is here. 회의자료 여기 있습니다.
The handouts are on the table. 회의자료는 테이블 위에 있습니다.
Who's taking the minutes? 회의록 작성은 누가 하나요?

□ **정시 기준으로 시간 말하기**

〈at+숫자+past (정시로부터)〉 ~분 후 〈at+숫자+to (정시로부터)〉 ~분 전

위의 대화에 나오는 것처럼 '20분 후' 또는 '10분 전'이라고 말해야 하는 경우가 있다. 이때 말하는 사람들끼리는 기준이 되는 시각을 알고 있으므로 굳이 past와 to 뒤에 시각을 말하지 않고 생략한다. 자주 쓰는 표현은 다음과 같다.

15분 = quarter past 20분 = 20 past 30분 = half past
40분 = 20 to 45분 = quarter to 50분 = 10 to

발음팁 [더 핸다웃츠 아아 히어] The handouts are here.

handouts(회의자료)와 here(여기)가 중요하니 handouts의 '핸'과 here의 '히'를 강조합니다.

대화로 기억하세요.

Short **Talks +**

1 **The handouts are here** 회의자료 여기 있습니다

A What are we discussing today?

B We'll be discussing the timeline of the task. The handouts are here.

A 오늘은 무엇을 의논하나요?

B 업무 타임라인에 대해 의논할 예정입니다. 회의자료 여기 있습니다.

2 **will be+시간+long** (시간)이 소요될 예정입니다

A How long the training will be?

B The training will be 2 hours long.

A 교육 얼마나 하나요?

B 교육은 2시간 소요될 예정입니다.

3 **at+숫자(quarter, half)+past**
정시로부터 ~분(15분, 30분)에

A The meeting starts at 9 AM, right?

B It is supposed to start at quarter past.

A 회의가 오전 9시 시작이 맞죠?

B 회의는 15분에 시작할 예정입니다.

4 **go through sth** ~를 다루다(검토하다)

A Can you check the data request list?

B Yes. I'll go through it and will add anything necessary.

A 자료 요청 리스트 확인해주시겠어요?

B 네. 쭉 살펴보고 필요한 것 있으면 추가할게요.

자주 쓰는 단어 **Voca**

handout (또는 agenda) 회의자료
be supposed to ~하기로 되어 있다
at quarter past 15분에
data request list 자료 요청 리스트
necessary 필요한

013 | It's out of stock.

MP3 013

재고가 없는데요.

물건 구매 요청이 들어왔는데 재고가 다 떨어졌을 때 이를 알리는 표현입니다.

A I'd like to [1] make a re-order from what I ordered last week.

B Good to hear that! Can you let me know what the order number is?

A It's PUX201.

B Let me see. I'm afraid [2] it's out of stock. [3] It's available for request, though.

A What happens if I make a request?

B You'll [4] be notified as soon as it's restocked.

A 지난주 주문한 물건을 재주문했으면 해서요.
B 반가운 말씀이네요! 주문 번호를 알려주시겠어요?
A PUX201입니다.
B 잠시만요. 죄송하오나 재고가 없는데요. 주문 요청 가능한 상태이긴 합니다.
A 주문 요청하면 어떻게 되나요?
B 재입고가 되는 즉시 개별안내가 나갑니다.

더 다양하게 말하는 표현

Extras +

■ **재고 관련 표현**

It's in stock. 재고 있어요.
It's sold out. 품절입니다.
It's restocked today. 오늘 재입고됐어요.
We're nearly running out of stock. 재고가 거의 바닥인데요.
Sorry, there are no more available. 죄송해요. 남은 게 없네요.

발음팁 [잇ㅊ 아웃 오브 스탁] It's out of stock.

out(없는)이 중요하니 out의 '아'를 강조합니다. out of 두 단어는 연음되어 실제로는 '아러'로 발음됩니다. 무엇이 없는지도 알려야 하니 stock(재고)의 '탁'에도 강세를 줍니다.

대화로 기억하세요.

Short **Talks +**

1

make a re-order 재주문하다

A I'd like to order your green skirts.

B Oh, are you making a re-order? We deeply appreciate your visit.

A 녹색 치마를 주문하고 싶습니다.

B 아, 재주문을 하시는 건가요? 방문해주셔서 대단히 감사합니다.

2

It's out of stock 재고가 없는데요

A Do you have the latest part in stock?

B It's temporarily out of stock. You'll be able to order next week, hopefully.

A 최신 부품으로 재고 있나요?

B 일시품절입니다. 아마 다음 주에 주문하실 수 있을 거예요.

3

be available for request 주문 가능한 상태다

A Is the video game console available for request? I saw it on the website.

B Yes, which model are you looking for?

A 비디오 게임기 주문 가능한가요? 홈피에서 봤어요.

B 네, 어떤 모델 찾으시나요?

4

be notified 안내를 받다

A Why is my voucher still on hold?

B Please, stop calling us. You'll be notified by email.

A 왜 제 전표가 아직 보류상태인가요?

B 제발 그만 좀 전화하세요. 이메일로 안내받으실 거예요.

자주 쓰는 단어 **Voca**

temporary 일시적인
video game console 비디오 게임기
voucher 전표
on hold 보류 상태인

014 | Sorry for the delay. 지연이 생겨서 죄송합니다.

MP3 014

배송이 늦어지거나 일정에 지연이 생겼을 때는 양해를 구하고 상대측에 사과해야 컴플레인을 방지할 수 있습니다.

A [1] My order has not been received yet. It's #SSI-8.

B Let me see. Hold on a second, please.

A We seriously need it by today.

B It was shipped yesterday. There were some issues in our center due to the heavy rains.

A [2] It really worries me. [3] It's not the first time this has happened.

B Sorry for the delay. [4] We do apologize for the late delivery.

A 주문한 게 아직 안 왔어요. 주문번호는 #SSI-8입니다.
B 볼게요. 잠시 기다려 주세요.
A 오늘 꼭 필요한 거예요.
B 어제 발송됐습니다. 폭우로 인해 저희 센터에 문제가 좀 있었어요.
A 정말 걱정되는군요. 이런 일이 일어난 게 처음도 아니에요.
B 지연이 생겨서 죄송해요. 배송이 늦어진 점 진심으로 사과드립니다.

더 다양하게 말하는 표현

Extras +

■ **지연에 대한 사과 표현**

The delay shouldn't have happened. 지연은 일어나서는 안 되는 일이었습니다.
Please accept our apologies for the delay. 지연에 대한 저희 사과를 받아주셨으면 합니다.

□ **동사 cost**

명사로는 '비용', '대가'라는 뜻인데, 동사로 쓸 때는 '~의 비용이 들다', '를 잃게 하다'라는 뜻이 된다. 다음 예문을 보자.
The lousy presentation cost us the project. 형편없는 발표 때문에 프로젝트 수주를 못 했어요.

발음팁 [쏘오뤼 포어 더 딜레이] Sorry for the delay.

sorry(죄송하다)와 delay(지연)가 중요하니 sorry의 '쏘'와 delay의 '레'를 강조합니다.

대화로 기억하세요.

Short **Talks +**

1 **My order has not been received yet** 주문한 게 아직 안 왔어요

A My order has not been received yet. I've been waiting for 10 days.

B What is your order number, please?

A 주문한 게 아직 안 왔어요. 열흘 동안 기다리는 중이에요.

B 주문번호가 어떻게 되나요?

2 **It worries me** 그거 때문에 걱정이에요

A Profits have declined by 30% this month.

B It worries me. I don't know how to explain.

A 이번 달 이익이 30% 감소했어요.

B 그거 때문에 걱정이에요. 어떻게 설명해야 할지 모르겠어요.

3 **It's not the first time** 처음이 아니에요

A You shipped the items to a wrong place. It's not the first time!

B I didn't handle it this time.

A 물건을 다른 곳으로 발송했네요. 처음 있는 일도 아니고요!

B 이번에는 제가 처리한 게 아닌데요.

4 **apologize for sth** ~에 대해 사과하다

A You should apologize for this. It cost us too much time.

B I really feel sorry. I have no excuse for such an error.

A 이에 대해 사과를 하셔야겠는데요. 이거 때문에 시간을 너무 많이 날렸어요.

B 진심으로 죄송합니다. 이런 실수에는 변명의 여지가 없네요.

자주 쓰는 단어 **Voca**

decline 감소하다, 거절하다

ship sth ~를 발송하다

015 | Sorry to bother you.

MP3 015

번거롭게 해서 죄송합니다.

업무상 자주 부탁할 일이 있는 상대에게 업무 의뢰 전후로 할 수 있는 표현입니다.

A [1] Sorry to bother you. Can I ask you one more thing?

B Sure, go ahead.

A Our invoice [2] has not been settled yet.

B Seriously? [3] What invoice are you referring to?

A The one I sent you last Thursday. I really need this paid!

B Oh, that one. [4] Don't panic. Let me call my assistant.

A 번거롭게 해서 죄송합니다. 한 가지 더 여쭤봐도 될까요?
B 물론이죠. 말씀하세요.
A 저희 계산서 결제가 아직 안 됐어요.
B 정말요? 무슨 계산서 말씀하시는 건가요?
A 지난주 목요일 보내드린 거요. 이거 꼭 받아야 돼요!
B 아 그거요. 침착하세요. 저 도와주는 직원한테 전화해볼게요.

더 다양하게 말하는 표현

Extras +

■ **'번거롭게 해서 죄송합니다'와 유사한 표현**

Sorry for the trouble. 번거롭게 해서 죄송합니다.
Sorry to take your time. 시간 뺏어서 죄송합니다.
Sorry to disturb you again. 자꾸 귀찮게 해서 죄송합니다.

□ **favor의 기본 개념은 '호의'**

favor는 '친철', '부탁', '찬성'이라는 뜻으로, 기본 개념은 '호의'다. do sb a favor는 ~의 부탁을 들어주다(~에게 호의를 제공하다), in favor of sth는 ~에 찬성하는(~에 호의를 나타내는), in one's favor는 ~에게 유리한(~에게 호의로 작용하는)이다. 다음 예문에서 확인해보자.

All those in favor, raise your hands. 찬성하시는 분들 손들어주세요.
He has a lot in his favor in applying for this job. 이 직업에 지원하는 데 있어서 그에게 유리한 점이 많습니다.

발음팁 [쏘오리 투 바더 유] Sorry to bother you.

bother(번거롭게 하다)와 sorry(미안한)가 중요하니 sorry의 '쏘'와 bother의 '바'를 강조합니다.

대화로 기억하세요.

Short **Talks +**

1 **Sorry to bother you** 번거롭게 해서 죄송합니다

A Sorry to bother you, but could you do me another favor?

B It's okay. I'm here to help you.

A 번거롭게 해서 죄송합니다만 부탁 하나 더 할 수 있을까요?

B 괜찮아요. 도와드리는 게 제 일인데요.

2 **sth has not been settled yet** ~가 아직 결제(정산)가 안 되다

A Did the customer pay everything?

B No. The balance has not been settled yet.

A 고객이 전액 결제했나요?

B 아뇨. 잔금이 아직 정산이 안 됐어요.

3 **What sth are you referring to?** 무슨 ~을 말씀하시는 건가요?

A The tax rates are from a chart I found on the internet.

B What chart are you referring to?

A 세율은 인터넷에서 찾은 차트에서 가져온 것입니다.

B 무슨 차트 말씀하시는 건가요?

4 **Don't panic** 침착하세요

A Oh! My laptop is frozen!

B Don't panic. Everything will be okay.

A 아! 노트북이 먹통됐어요!

B 침착하세요. 별일 없을 거예요.

자주 쓰는 단어 **Voca**

bother sb ~를 괴롭히다
settle 정산(결제)하다
balance 잔금, 잔액
refer to sth ~를 참조하다
assistant 조수, 보조자, 도와주는 직원
frozen (컴퓨터 등이) 멈춘, 다운된

Review

한영 영어 말하기 011~015

앞에서 배운 문장을 말해보세요.

표시된 부분이 바로 떠오르지 않는다면 해당 부분으로 돌아가 패턴과 표현을 확인하세요.

01 다만, 홍상무님이 저보다 직급이 높습니다. 홍상무님은 제 상사이십니다. 011

02 그렇다면 제니는 귀하의 부하이군요. 이해했습니다. 011

03 회의는 30분에 시작할 예정입니다. 012

04 리스트 쭉 살펴보고 필요한 것 있으면 추가할게요. 012

05 제발 그만 좀 전화하세요. 이메일로 안내받으실 거예요. 013

06 최신 부품 일시품절입니다. 013

07 이에 대해 사과를 하셔야겠는데요. 이거 때문에 시간을 너무 많이 날렸어요. 014

08 폭우로 인해 저희 센터에 문제가 좀 있었어요. 014

09 번거롭게 해서 죄송합니다만 부탁 하나 더 할 수 있을까요? 015

10 저희 계산서 결제가 아직 안 됐어요. 015

영영 영어 말하기 011~015

왼쪽에서 복습한 문장을 영어로 완성해보세요.
문장을 완성하고 다시 한번 입을 열어 말해보세요.

01 Mr. Hong ________ me, though. I ________ to him.

02 So, Jenny is ________ to you. I get it.

03 The meeting is supposed to start at ________ past.

04 I'll go ________ the list and will add anything necessary.

05 Please, stop calling us. You'll be ________ by email.

06 The latest part is ________ out of stock.

07 You should apologize for this. It ________ us too much time.

08 There were some issues in our center due to the ________ rains.

09 Sorry to bother you, but could you do me another ________?

10 Our invoice has not been ________ yet.

01 outranks, report 02 subordinated 03 half 04 through
05 notified 06 temporarily 07 cost 08 heavy 09 favor 10 settled

016 | I'll keep you posted. 계속 알려드릴게요.

MP3 016

특정한 상황을 계속해서 상대방한테 알려주겠다고 하는 표현입니다. I'll let you know는 단순히 '내용을 알려주겠다'라는 의미라면, I'll keep you posted는 '지속적으로 진행 상황을 알려주겠다'는 뜻입니다.

A We still haven't received the order. The number is #31PVC.

B One moment, please.

A [1] Why do you think it's happening? We need the items this week.

B With the holidays approaching, a lot of [2] orders are piling up.

A We've been doing business with you [3] over many years. I hope this doesn't happen again.

B My apologies for the delay. Your order is about to be shipped. [4] I'll keep you posted.

A 주문한 게 아직도 안 왔는데요. 번호는 #31PVC입니다.

B 잠시만 기다려주세요.

A 이런 일이 왜 발생하나요? 이번 주에 필요한 물건인데요.

B 연휴가 다가와서 주문이 많이 밀리고 있어요.

A 수년 동안 그쪽 회사랑 거래를 해왔는데요. 이런 일이 재발하지 않기를 바랍니다.

B 지연된 점 사과드립니다. 배송이 곧 시작될 거예요. 계속 알려드릴게요.

더 다양하게 말하는 표현

Extras +

■ **추가 표현**

I'll keep you updated. 계속 알려드릴게요.

□ **수수료 fee vs. commission**

둘 다 한국어로는 같은 '수수료'지만 영어에서 개념이 두 가지로 나뉜다. 먼저 fee는 고정금액 수수료를 뜻한다. 예를 들어 membership fee는 최초 가입 시 정해진 금액을 내는 '회원가입비'다. 그리고 bookkeeping fee는 월 단위로 책정되는 기장수수료를 뜻한다. 이와 다르게 commission은 일정 비율로 내는 수수료를 말한다. 예를 들어 sales commission은 매출액의 일정 비율로 계산되는 판매 수수료다.

발음팁 [아일 킵 유 포우스티드] I'll keep you posted.

동사인 keep(유지하다)과 posted(알려주겠다)가 중요하니 keep의 '킵'과 posted의 '포'를 강조합니다.

대화로 기억하세요.

Short **Talks +**

1 **Why do you think it's happening?** 이런 일이 왜 발생하나요?

A Customer Hangbool is not responding to us.

B Why do you think it's happening?

A 고객사인 행불은 저희 연락에 응답하지 않고 있습니다.

B 이런 일이 왜 발생하나요?

2 **orders pile up** 주문이 밀리다

A Excuse me, I'm still waiting for my salmon steak.

B Sorry. Too many orders have piled up. Your food will be ready in 5 minutes.

A 저기요. 연어 스테이크 아직 안 나온 것 같아요.

B 죄송합니다. 주문이 너무 많이 밀려 있어서요. 5분 내로 가져다드릴게요.

3 **over many years** 수년 동안

A They are charging very high commissions.

B There's a reason. They've built up their reputation over many years.

A 그들은 아주 높은 수수료를 받는군요.

B 이유가 있어요. 수년 동안 평판을 쌓아왔기 때문이죠.

4 **I'll keep you posted** 계속 알려드릴게요

A When do you think my standby ticket will be confirmed?

B I'll keep you posted.

A 대기 상태인 제 항공좌석표 언제 확정될까요?

B 계속 알려드릴게요.

자주 쓰는 단어 **Voca**

approach 다가오다
be about to+동사원형 바로 ~할 것이다
pile up 쌓이다
commission 수수료
standby ticket (비행기 등의) 대기 예약표

017 | We're targeting single women.

MP3 017

저희는 미혼 여성들을 타겟으로 하고 있습니다.

기업에서는 제품의 판매 대상을 설정하는 것이 무엇보다 중요합니다. 비즈니스 현장에서 상대방에게 제품을 소개할 때 목표로 하는 대상을 이렇게 말해보세요.

A [1]Who is your market?

B [2]We're targeting single women.

A [3]To be honest with you, these look a bit tacky and outdated.

B Do you mean I should change the target market?

A No. I'm afraid the product is rubbish. It's just not good enough.

B [4]Appreciate your honest feedback. Major changes on design need to follow.

A 대상이 누구죠?
B 미혼 여성을 타겟으로 삼고 있습니다.
A 솔직히 말씀드리면 이거 좀 조잡스럽고 유행에 뒤처진 것처럼 보여요.
B 타겟을 변경해야 한다는 말씀인가요?
A 아뇨, 죄송하지만 물건이 쓰레기예요. 영 아닌데요.
B 솔직한 피드백 감사합니다. 디자인상의 대대적인 변화가 뒤따라야겠네요.

더 다양하게 말하는 표현

Extras +

■ **타겟 관련 추가 표현**

We're targeting married middle-aged men. 저희는 기혼 중년 남성들을 타겟으로 하고 있습니다.
We're aiming at the 20 to 35 year-olds. 저희는 20세에서 35세인 사람들을 타겟으로 하고 있습니다.
Single household is our target market. 1인 가구가 저희 목표시장입니다.

□ **appreciate의 여러 뜻**

appreciate은 '감사하다', '가치를 인정하다', '가치를 더하다'라는 의미로 쓴다.

Your honest feedback is appreciated. 솔직하게 피드백해주시면 감사하겠습니다.
It's hard to appreciate a pop song when translated. 팝송은 번역되면 그 가치를 느끼기 어렵습니다.
They kept hanging in and their stocks appreciated. 그들은 계속 버텼고 주식 가치는 올랐습니다.

발음팁 [위어 타아게팅 씽글 위민] We're targeting single women.

target(목표로 하다)과 single(미혼)이 중요하니 target의 '타'와 single의 '씽'을 강조합니다.

대화로 기억하세요.

Short **Talks +**

1 **Who is your market?** 대상이 누구죠?

A Who is your market?

B Our market is style-conscious people in their 30's.

A 대상이 누구죠?

B 저희 시장은 스타일에 민감한 30대 사람들입니다.

2 **We're targeting single women** 미혼 여성들을 타겟으로 하고 있습니다

A Who are your main customers?

B We're targeting single women. It's one of the fastest-growing markets.

A 주요 고객이 누구인가요?

B 저희는 미혼 여성들을 타겟으로 하고 있습니다. 가장 빠르게 성장하는 시장 중 하나입니다.

3 **To be honest with you** 솔직히 말씀드리면

A Why did I get removed from this project?

B To be honest with you, people say you are unsupportive.

A 제가 왜 이 프로젝트에서 배제된 건가요?

B 솔직히 말씀드리면 사람들이 당신이 비협조적이라고 하네요.

4 **Appreciate your sth** 당신의 ~에 감사드립니다

A Are you already finished? Appreciate your hard work!

B Can I leave early today?

A 벌써 끝내셨어요? 수고하셨어요!

B 오늘 일찍 퇴근해도 되나요?

자주 쓰는 단어 **Voca**

tacky 조잡한
outdated 유행에 뒤처진
style-conscious 스타일에 민감한
in one's 30's(thirties) 나이가 30대인
unsupportive 비협조적인
appreciate 감사하다, 가치를 인정하다

018 | How was your trip? 오시는 데 별일 없으셨죠?

MP3 018

small talk에서 매우 흔히 쓰는 인사말 중 하나입니다. 한국 문화에서는 출장 온 손님에게 "오시는 데 별일 없으셨죠?"라고 하고, 출장을 다녀온 동료에게는 "출장 잘 다녀왔어요?"라고 하지요. 두 상황에서 모두 쓸 수 있는 표현입니다.

A **Hello! Welcome to K Electronics.**

B [1] Nice to meet you. **It's a pleasure.**

A [2] How was your trip?

B **It was okay. The flight lasted 12 hours, and** [3] I feel **a little** jetlagged.

A **Hope you'll be fine soon. Were you happy with the in-flight service?**

B **Yeah.** [4] They gave us **a lot of drinks** for free.

A 안녕하세요! K전자에 오신 걸 환영합니다.
B 만나서 반갑습니다. 뵙게 되어 기쁘네요.
A 오시는 데 별일 없으셨죠?
B 비행은 괜찮았어요. 12시간 걸려서 시차 적응으로 약간 피곤하네요.
A 곧 나아지실 거예요. 기내 서비스는 마음에 드셨나요?
B 네. 마실 거리를 공짜로 많이 주더라고요.

더 다양하게 말하는 표현

Extras +

■ **출장 온 손님에게 하는 인사 표현**

How was your flight? 오시는 데 별일 없으셨죠? (항공편은 괜찮으셨어요?)
Did you enjoy the journey? 오시는 길 편안하셨나요?

발음팁 [하우 워ㅅ 유어 츄륍?] How was your trip?

어땠는지 묻는 의문사 how의 '하'와 '여행'을 뜻하는 trip의 '츄'를 강조합니다.

대화로 기억하세요.

Short **Talks +**

1 **Nice to meet you** 만나서 반갑습니다

A Nice to meet you! You look great!

B Likewise! Your name is?

A 만나서 반갑습니다! 참 멋있으세요!

B 마찬가지십니다. 성함이?

2 **How was your trip?** 오시는데 별일 없으셨죠?

A How was your trip to Seoul?

B Couldn't have been worse. There was bad turbulence and the plane was shaking a lot.

A 서울에 오시는 데 별일 없으셨죠?

B 최악이었어요. 난기류가 심해서 비행기가 엄청나게 흔들렸어요.

3 **I feel jetlagged** 시차 적응으로 피곤하네요

A You look down. Are you okay?

B I feel jetlagged. Had to transfer twice to get to Chile from Korea.

A 기운이 없어 보여요. 괜찮으신가요?

B 시차 적응으로 피곤하네요. 한국에서 칠레까지 가는데 두 번 갈아타야 했어요.

4 **They gave us sth for free** 저희한테 공짜로 ~를 주더라고요

A Did the restaurant offer anything extra?

B They gave us a dessert for free.

A 식당에서 추가로 챙겨준 게 있나요?

B 디저트 하나 공짜로 주더라고요.

자주 쓰는 단어 **Voca**

likewise 마찬가지로
turbulence 난기류
shake 흔들다
jetlagged 시차 적응으로 피곤한
transfer 환승하다
in extra 추가로

019 | What's the warranty period?

MP3 019

보증 기간이 어떻게 돼요?

물품을 구매할 때는 판매자가 제공하는 품질 보증 기간이 얼마인지 확인하는 절차가 반드시 필요합니다. 이때 쓸 수 있는 표현입니다.

A I think this one is okay.

B So, may I [1] wrap it up?

A [2] What's the warranty period?

B It's 12 months. That's long enough, isn't it?

A Do you provide [3] any other extras?

B [4] I can give you a couple of accessories.

A 이거 괜찮은 것 같네요.

B 그렇다면 포장해도 될까요?

A 보증 기간이 어떻게 돼요?

B 12개월입니다. 이 정도면 충분히 길죠?

A 기타로 추가되는 것이 있나요?

B 부대 용품 몇 개 챙겨드릴 수 있어요.

더 다양하게 말하는 표현

Extras +

- **보증 guarantee vs. warranty**

  보증이라고 다 같은 보증이라고 생각하면 오산. 거의 같은 의미로 이해해도 되지만, 엄밀히 보면 다음과 같은 차이가 있다. guarantee는 '환불', '교환'을 보증한다는 의미로, 흔히 payback guarantee 형태로 쓴다. warranty는 수리 등을 통해 '품질'을 보증한다는 의미다. 따라서 warranty는 '환불'이나 '교환'을 보증하지는 않는다. 소비자에게는 guarantee가 유리하다고 기억하자.

발음팁 [웟스 더 워런티 피어리어드?] What's the warranty period?

warranty(보증)와 period(기간)가 중요하니 warranty의 '워'와 period의 '피'를 강조합니다.

대화로 기억하세요.

Short **Talks +**

1 **wrap sth up** 포장하다, (회의 등을) 마무리하다

A It's nearly noon.

B Is it 12 already? We'll have to wrap it up now.

A 정오가 다 됐는데요.

B 벌써 12시예요? 이제 이만 마무리해야겠네요.

2 **What's the warranty period for sth?** ~의 보증 기간이 어떻게 돼요?

A What's the warranty period for this phone?

B It's 6 months. There will be a small fee after that.

A 이 폰 보증 기간이 어떻게 돼요?

B 6개월입니다. 그 이후에는 약간의 요금이 있어요.

3 **any other extras** 기타로 추가되는 것

A Can you recommend me any other extras?

B If you spend more than 200, the batteries will be free of charge.

A 기타로 추가되는 것을 추천해줄 수 있으세요?

B 200 이상을 쓰시면 배터리는 공짜로 드립니다.

4 **I can give you sth** ~를 (챙겨)드릴 수 있어요

A Is there anything you can offer for free?

B I can give you some fried dumplings.

A 혹시 서비스 주실 수 있으세요?

B 군만두 좀 드릴 수 있어요.

자주 쓰는 단어 **Voca**

warranty 보증
accessory 액세서리, 부대 용품
free of charge 공짜로
dumpling 만두

020 | I'm here on business.

MP3 020

출장 왔습니다.

해외 출장을 갔을 때 공항의 출입국 심사에서 purpose 혹은 why라는 단어를 듣게 된다면 대부분 방문 목적을 묻는 겁니다. 이때 사용해보세요.

A [1] What's the purpose of your visit?

B [2] I'm here on business. I'm meeting a client.

A How long and where are you staying?

B [3] I'm staying for 5 days at the 4 Seasons Hotel.

A You have anything to declare?

B [4] I have nothing to declare, thanks.

A 방문 목적이 무엇인가요?
B 출장 왔습니다. 고객을 만날 예정이에요.
A 어디서 얼마나 묵을 예정인가요?
B 5일 동안 포시즌스 호텔에서 묵을 예정입니다.
A 신고할 물품이 있으신가요?
B 신고 물품 없습니다. 감사합니다.

더 다양하게 말하는 표현

Extras +

■ **방문 목적 추가 표현**
What's the reason for your visit? 방문 목적이 무엇인가요?
It's a business trip. 출장입니다.
I'm attending a trade show. 전시회에 참석할 예정입니다.
I'm meeting potential buyers. 잠재 바이어들을 만날 예정입니다.
I'm visiting a local logistics factory. 현지 물류 공장 방문 예정입니다.

□ **공항에서 유용한 표현**
I've lost my bag. 짐을 잃어버렸어요.
Is there a baggage cart? 짐 카트 있나요?
Where can I exchange money? 어디서 환전하죠?

발음팁 [아임 히어 온 비즈니스] I'm here on business.

일(사업)을 뜻하는 business가 중요하니 business의 '비'를 강조합니다.

대화로 기억하세요.

Short **Talks +**

1 **What's the purpose of your visit?** 방문 목적이 무엇인가요?

A What's the purpose of your visit?

B I'm here to travel.

A 방문 목적이 무엇인가요?
B 여행하러 왔어요.

2 **I'm here on business** 출장 왔습니다

A So, what brings you here?

B I'm here on business. I'll be visiting a local factory.

A 방문 목적이 무엇인가요?
B 출장 왔습니다. 현지 공장을 방문할 예정이에요.

3 **I'm staying for+기간 at+장소**
~동안 …에서 묵을 예정입니다

A How long are you here? And where is your hotel?

B I'm staying for 2 nights at the Holiday Inn.

A 얼마 동안 여기 계실 건가요? 그리고 호텔은 어디예요?
B 홀리데이인 호텔에서 2박 할 예정입니다.

4 **I have nothing to declare** 신고할 물품 없습니다

A 2 bags? Is that all?

B Yes, this is all I have. I have nothing to declare.

A 가방 2개? 이게 다인가요?
B 네. 짐은 이게 다예요. 신고할 물품은 없습니다.

자주 쓰는 단어 **Voca**

local 현지의
declare 신고하다
trade show(fair) 전시회
potential 잠재적인
logistics 물류

Review

한영 영어 말하기 016~020

앞에서 배운 문장을 말해보세요.

표시된 부분이 바로 떠오르지 않는다면 해당 부분으로 돌아가 패턴과 표현을 확인하세요.

01 주문이 너무 많이 밀려 있어서요. 5분 내로 가져다드릴게요. 016

02 배송이 곧 시작될 것이에요. 계속 알려드릴게요. 016

03 솔직히 말씀드리면, 이 물건 좀 조잡스럽고 유행에 뒤처진 것처럼 보여요. 017

04 저희는 20살에서 35살 사람들을 타겟으로 하고 있습니다. 017

05 비행이 12시간 걸려서 시차적응으로 약간 피곤하네요. 018

06 기내서비스는 마음에 드셨나요? 018

07 벌써 12시예요? 이제 이만 마무리해야겠네요. 019

08 200 이상을 쓰시면 배터리는 공짜로 드립니다. 019

09 신고 물품 없습니다, 감사합니다. 020

10 출장 왔습니다. 고객을 만날 예정이에요. 020

영영 영어 말하기 016~020

왼쪽에서 복습한 문장을 영어로 완성해보세요.
문장을 완성하고 다시 한번 입을 열어 말해보세요.

01 Too many orders have ________ up. Your food will be ________ in 5 minutes.

02 Your order is ________ to be shipped. I'll keep you ________.

03 To be ________ with you, this product looks a bit ________ and outdated.

04 We're aiming at the 20 to 35 ________.

05 The flight lasted 12 hours, and I feel a little ________.

06 Were you happy with the ________ service?

07 Is it 12 already? We'll have to ________ it up now.

08 If you spend more than 200, the batteries will be free of ________.

09 I have nothing to ________, thanks.

10 I'm here on ________. I'm ________ a client.

01 piled, ready 02 about, posted 03 honest, tacky 04 year-olds
05 jetlagged 06 in-flight 07 wrap 08 charge 09 declare 10 business, meeting

021 | I don't get it. 이해가 안 되네요.

MP3 021

무엇이 이해가 안 될 때 understand 대신 get으로 간단히 말해봅시다. 짧지만 영어로 쉽게 나오지 않는 표현인데요, '나에게 입력이 안 된다'라는 뉘앙스로 기억하세요.

A Have a look at this pie chart. It shows you the portion of [1] sales by product.

B Okay. Ace and Winner seem to be the leading products.

A That's right. They've been [2] selling extremely well.

B What about product Slice? Is that somewhere in the chart?

A Slice [3] is included in 'Others'. [4] It takes up less than 5%.

B **I don't get it.** I heard it was one of the best-sellers.

A 이 파이차트를 봐주세요. 제품별 매출 비중을 나타내고 있습니다.
B 네. 에이스랑 위너가 선두주자인 것으로 보이네요.
A 맞습니다. 아주 잘 나가는 제품들이죠.
B 슬라이스 제품은 어때요? 이것도 차트에 있는 건가요?
A 슬라이스는 '기타'에 포함되어 있습니다. 5% 미만을 차지하고 있기 때문이죠.
B 이해가 안 되네요. 제가 듣기로는 베스트셀러 중 하나였던 것으로 알고 있는데요.

더 다양하게 말하는 표현

Extras +

■ **'이해가 되지 않는다'는 추가 표현**
I don't understand. 이해가 안 되네요
What do you mean? 무슨 말씀이신지요?

□ **'부분'과 '일부분' part vs. portion**
part는 부분을 의미하고 portion은 세밀하게 계산된 전체의 일부분(비중)을 뜻한다. 따라서 portion은 시장점유율 등에서 특정 제품이 차지하는 '비중' 그리고 식당에서 '인분'(How big is one portion of pasta? 파스타 1인분 양이 어느 정도예요?)을 나타내는 개념으로 자주 쓴다.

발음팁 [아이 도운ㅌ 겟 잇] I don't get it.

'안 되다'가 중요하니 don't의 '도운'을 강조합니다.

대화로 기억하세요.

Short **Talks +**

1 **sales by sth** ~별 매출

A Next agenda looks like sales by region, right?

B Yes. Sales in Seoul is larger than any other big city in the world.

A 다음 주제는 지역별 매출인 것 같네요. 맞죠?

B 네. 서울 매출은 전 세계 어떤 다른 대도시보다 큽니다.

2 **sell well** 잘 팔리다(나가다)

A What are the best-sellers?

B Hand sanitizers sell well in winter.

A 베스트셀러에는 뭐가 있나요?

B 겨울에는 손세정제가 잘 나갑니다.

3 **be included in sth** ~에 포함되다

A Are taxes included in the price?

B No, they aren't. We're charging extra for taxes.

A 가격에 세금이 포함되어 있나요?

B 아닙니다. 세금은 추가로 청구되고 있습니다.

4 **It takes up+수치** ~를 차지하고 있다

A How big is the market share of the model G45?

B It takes up 70% of the market.

A G45모델의 시장점유율은 어떻게 되나요?

B 시장에서 70%를 차지하고 있습니다.

자주 쓰는 단어 **Voca**

pie chart 원그래프(파이차트)
portion 일부분
leading 선도적인
region 지역
sanitizer 세정제
charge 청구하다
market share 시장점유율

022 I can't help it. 어쩔 수 없어요.

MP3 022

할 수 있는 방법이 없을 때 쓰는 표현입니다. 두 팔을 좌우로 펼치는 바디랭귀지도 함께 하면서 말하면 더 효과적입니다.

A I think [1] we deserve a better rate than this.

B [2] I understand where you're coming from. But I can't go any higher.

A You know we have exceptional skills.

B We used to pay 80 dollars an hour. Now we can afford 100.

A You're [3] making it difficult for us to get the job done on time.

B [4] There's nothing I can do. **I can't help it.**

A 저흰 이것보다는 수수료를 더 받을 자격이 있는 것 같은데요.
B 입장을 충분히 이해합니다. 하지만 더 높여드릴 수는 없어요.
A 저희 기술력 우수한 거 아시잖아요.
B 종전에는 시간당 80달러를 지급했습니다. 현재 100달러까지는 드릴 수 있어요.
A 저희가 작업을 제때 완수하는 것을 어렵게 만드시는군요.
B 제가 할 수 있는 게 없습니다. 어쩔 수 없어요.

더 다양하게 말하는 표현

Extras +

■ **'어쩔 수 없어요'와 유사한 표현**

It is what it is. 어쩌겠어요.
This is inevitable. 이건 피할 수 없어요.
I have no choice. 선택의 여지가 없어요.

발음팁 [아이 캔ㅌ(영국식: 커언ㅌ) 헬ㅍ 잇] I can't help it.

'할 수 없다', 즉 부정을 나타내는 can't가 중요하니 '캔'(영국식은 '커언')를 강조합니다. can't 끝에 t는 거의 안 들리게 발음합니다.

대화로 기억하세요.

Short **Talks +**

1 **deserve sth** ~를 받을 자격이 있다

A I definitely deserve a raise this year. I managed to outsell everyone.

B By how much are you thinking of?

A 올해 전 임금인상을 받을 자격이 무조건 있어요. 제 판매실적이 가장 뛰어납니다.

B 어느 정도를 기대하고 계신가요?

2 **I understand where you're coming from** 당신 입장을 충분히 이해합니다.

A You're telling me to do this all over again? This is absurd!

B I understand where you're coming from. But, I have no choice.

A 저보고 이걸 처음부터 싹 다시 하라고요? 너무해요.

B 입장을 충분히 이해합니다. 하지만 선택의 여지가 없네요.

3 **make sth difficult** ~를 어렵게 만들다/곤란하게 하다

A Mr. Yang wants to have this report finished by Friday.

B It's making my life difficult. But, I still believe I can go on a vacation next week.

A 양사장님이 이 보고서 금요일까지 끝내 달라고 하시네요.

B 절 괴롭게 하는군요. 하지만 다음 주에 휴가 갈 수 있다고 여전히 굳게 믿어요.

4 **There's nothing I can do** 제가 할 수 있는 게 없습니다

A Can I cancel my flight?

B No, you can't. Dates cannot be changed on your ticket. There's nothing I can do.

A 제 항공편을 취소할 수 있을까요?

B 아뇨. 안됩니다. 날짜 변경이 안 되는 티켓이에요. 제가 할 수 있는 게 없네요.

자주 쓰는 단어 **Voca**

raise 임금인상
outsell sb ~보다 많이 팔다
all over again 처음부터 다시
absurd 터무니없는
vacation 휴가

023 | Are freight costs included?

MP3 023

운송비가 포함되어 있나요?

가격 협상할 때 운송비용(shipping cost), 포장비용(packaging fee), 통관수수료(customs fee), 세금(tax) 등의 포함 여부를 확인하는 것은 필수입니다.

A I was going through the quote you sent us. [1] I have a few questions.

B Okay. Go ahead.

A [2] Are freight costs included?

B No. [3] Our policy is that freight costs should be paid by customers.

A [4] That's not what I was expecting.

B If we pay freight costs, we'll have to increase the price.

A 보내주신 견적서 살펴봤습니다. 몇 가지 질문이 있어요.
B 네. 말씀하시죠.
A 운송비가 포함되어 있나요?
B 아뇨. 저희 정책상 운송비는 고객 부담입니다.
A 제가 기대한 바와 다르네요.
B 저희가 운송비를 부담한다면, 가격을 인상할 수밖에 없습니다.

더 다양하게 말하는 표현

Extras +

■ **특정 항목 포함 여부를 확인하는 표현**

Are taxes included? 세금이 포함되어 있나요?
Is the VAT included? 부가세가 포함되어 있나요?
This deal includes freight costs. 이 거래에는 운송비가 포함되어 있습니다.

□ **운송 freight**

사전적으로 화물 또는 화물 운송을 뜻하나 비즈니스 상황에서는 보편적으로 '운송'을 지칭하는 개념으로 쓴다.

발음팁 [아 프뤠이ㅌ 카스트ㅅ 인클루디ㄷ?] Are freight costs included?

freight(운송)와 included(포함된)가 중요하니 freight의 '프뤠' 와 included의 '클루'를 강조합니다.

대화로 기억하세요.

Short **Talks +**

1 **I have a (few) question(s)** 질문이 있어요

A Excuse me, I have a question.

B I'll answer your questions at the end of the session.

A 잠시만요. 질문이 있습니다.

B 회의 끝 무렵에 질문을 받도록 하겠습니다.

2 **Are freight costs included?** 운송비가 포함되어 있나요?

A Are freight costs included?

B Yes, they are. This is definitely a good bargain.

A 운송비가 포함되어 있나요?

B 네 그렇습니다. 이건 완전 특가예요.

3 **Our policy is that ~** 저희 정책은 ~입니다

A I'd like to cancel my stay tomorrow.

B Our policy is that if you cancel the night before, you only get 20% money back. Is that okay?

A 내일 숙박을 취소했으면 합니다.

B 저희 정책은 하루 전 취소 시 20%만 환불해드립니다. 그래도 괜찮으시겠어요?

4 **That's not what I was expecting** 제가 기대한 바와 다르네요

A It takes an hour to get to the hotel from the office.

B That's not what I was expecting. I thought the hotel was somewhere downtown.

A 사무실로부터 호텔까지 약 1시간 거리입니다.

B 제가 기대한 바와 다르네요. 호텔이 시내 어딘가에 있는 줄 알았는데요.

자주 쓰는 단어 **Voca**

quote 견적, 견적서
freight 운송
bargain 정상가보다 싸게 사는 물건
policy 정책
VAT(value added tax) 부가가치세
downtown 도심, 시내

024 | The difference is huge.

MP3 024

차이가 너무 큰데요.

상대방이 제시한 가격이 내가 생각하고 있는 것과 차이가 클 때 쓰는 표현입니다. 차이를 좁혔으면 좋겠다는 의도를 전달할 때 이렇게 말하면서 시작하면 좋습니다.

A **I don't understand why we have to pay an extra 20%.**

B **As you see, 24 dollars a unit is the market price.**

A [1]Our research says otherwise. **We think 20** [2]is appropriate.

B **The difference is huge.** [3]Can we meet somewhere in the middle?

A **We can consider going up to 21.**

B **23.** [4]That's the bottom line.

A 왜 저희가 20%를 추가로 내야 하는지 이해할 수 없네요.
B 보시다시피 개당 24달러가 시장가격입니다.
A 저희가 조사한 바는 다릅니다. 저희가 봤을 때 20 정도가 적정해 보입니다.
B 차이가 너무 큰데요. 중간 지점으로 정하면 어떨까요?
A 21까지 드릴 수는 있을 것 같습니다.
B 23이요. 더는 깎아드릴 수 없어요.

더 다양하게 말하는 표현

Extras +

■ **차이를 언급하는 추가 표현**
There's a big gap. 격차가 큰데요.

□ **차이 difference vs. variance**
둘 다 '차이'라는 뜻이지만, difference는 종류에 상관없이 차이를 뜻하는 넓은 개념이고 variance는 숫자 간 차이를 의미하는 매우 격식적인 단어다.

● **생각하다 think vs. consider**
think는 '생각하다'라고 하면, consider는 '심각하게 생각해보다(think about seriously)'에 가깝다. 한국어로 '고려하다'로 해석되는 경우가 많다.

발음팁 [더 디퍼런ㅅ 이즈 휴우즈] The difference is huge.

difference(차이)와 huge(아주 큰)가 중요하니 difference의 '디'와 huge의 '휴'를 강조합니다.

대화로 기억하세요.

Short **Talks +**

1 **sth says otherwise** ~는 다르게 나타난다(반박할 때)

A The longer you work, the more money you will make.

B A recent study says otherwise.

A 길게 일할수록 돈을 더 많이 벌 수 있을 거예요.

B 최근 연구는 그렇지 않다는 것을 보여주고 있습니다.

2 **sth is appropriate** ~가 적정하다

A Ms. Ha invited us to dinner with her family. What should I buy for a present?

B Anything worth around 50 dollars is appropriate.

A 하부장님이 저희를 가족 식사에 초대했습니다. 선물로 뭘 사면 좋을까요?

B 50달러 정도하는 걸로 아무거나 적정할 것 같아요.

3 **Can we meet somewhere in the middle?** 중간 지점으로 정하면 어떨까요?

A We're in Seoul and you're in Busan now. Can we meet somewhere in the middle?

B Fair enough. Daejeon would be fine.

A 저희는 서울에 있는데 차장님은 지금 부산에 계시잖아요. 중간지점에서 만나면 어떨까요?

B 좋은 생각이에요. 대전이 좋겠네요.

4 **That's the bottom line** 이게 요점(최종가격)이에요

A Any final comments?

B We have the best customer rating. That's the bottom line.

A 마지막으로 하실 말씀 있으신가요?

B 저희 고객 평점이 가장 우수해요. 이게 요점입니다.

자주 쓰는 단어 **Voca**

research, study 조사, 연구
appropriate 적정한, 적절한
rating 평가, 등급
bottom line (수락 가능한) 최종가격, 요점

025 | Where shall we start?

MP3 025

어디서부터 시작할까요?

회의나 전화 통화에서 다룰 주제가 많을 때 어떤 것부터 시작할지 묻는 표현입니다.

A **Is everyone in?**

B **Mr. Yang is missing. Oh, he's** [1] taken a day off **today.**

A **Good.** [2] Where shall we start?

B **Let's do the bad news first. We'll have to start with the complaint from Company Poktan.**

A [3] How **disappointed** are they?

B **They are totally unhappy. They** [4] are about to **cancel the contract.**

A 다 오신 건가요?
B 양과장님이 안 보이네요. 아, 오늘 하루 연차(휴가)네요.
A 알겠습니다. 어디서부터 시작할까요?
B 나쁜 뉴스부터 하죠. 폭탄사로부터 온 항의에서 시작을 해야 할 것 같네요.
A 얼마나 실망한 것 같나요?
B 그들은 매우 불만족하는 상황입니다. 계약 해지 일보 직전 상태입니다.

더 다양하게 말하는 표현

Extras +

■ **회의를 (재)시작할 때 쓰는 표현**
Let us begin. 시작할게요.
Where were we? 어디까지 했죠?

□ **연차(휴가) 관련 표현**
I'm taking next week off. 저 다음 주 연차예요.
I'm taking a day off tomorrow. 저 내일 연차예요.
I'm taking a half-day off tomorrow morning. 저 내일 오전 반차예요.
I'm taking a half day off later in the afternoon. 이따가 오후에 반차 썼어요.

발음팁 [웨어 샬 위 스타알?] Where shall we start?

'어디'와 '시작'이 중요하겠죠? where의 '웨'와 start의 '스타'를 강조합니다.

대화로 기억하세요.

Short **Talks +**

1 **take a day off** 하루 휴가 내다

A Can I take a day off tomorrow? I'm moving in to the city.

B Sure. Where in the city are you moving in to?

A 내일 하루 휴가 낼 수 있을까요? 시내로 이사를 가서요.

B 네. 시내 어디로 이사 가세요?

2 **Where shall we start?** 어디서부터 시작할까요?

A Where shall we start? We have lots to talk about today.

B Let's start with the next week's agenda.

A 어디서부터 시작할까요? 오늘 얘기해야 할 것이 많네요.

B 다음 주 안건부터 시작하시죠.

3 **How+형용사+are they?** 그들이 얼마나 ~한 것 같나요?

A How did the call with the customer go? How angry are they?

B They want the full money back.

A 고객과 통화는 잘 하셨어요? 얼마나 화난 것 같아요?

B 돈 전부 돌려달라고 하네요.

4 **be about to+동사원형** ~하기 일보 직전이다

A Ms. Moon was left out in the promotion. That's shocking.

B I saw her today. She was about to burst into tears.

A 문과장님 승진 누락되었네요. 충격적인데요.

B 오늘 문과장님 봤어요. 울기 일보 직전이더라고요.

자주 쓰는 단어 **Voca**

move 이사하다
leave out 건너뛰다
promotion 승진
burst 터뜨리다

Review

한영 영어 말하기 021~025

앞에서 배운 문장을 말해보세요.

표시된 부분이 바로 떠오르지 않는다면 해당 부분으로 돌아가 패턴과 표현을 확인하세요.

01 아주 잘 나가는 제품들이죠. 021

02 제품별 매출 비중을 나타내고 있습니다. 021

03 제가 할 수 있는 게 없습니다. 어쩔 수 없어요. 022

04 올해 전 임금인상을 받을 자격이 무조건 있어요. 제 판매실적이 가장 뛰어납니다. 022

05 저희 정책상 운송비는 고객부담입니다. 023

06 이건 완전 특가에요. 023

07 차이가 너무 큰데요. 중간지점으로 정하면 어떨까요? 024

08 50달러 정도 하는 물건이 적정할 것 같아요. 024

09 그분 오늘 하루 연차 냈어요. 025

10 그분 울기 일보 직전이던데요. 025

영영 영어 말하기 021~025

왼쪽에서 복습한 문장을 영어로 완성해보세요.
문장을 완성하고 다시 한번 입을 열어 말해보세요.

01 The products have been selling extremely ________.

02 It shows you the ________ of sales by product.

03 There's ________ I can do. I can't ________ it.

04 I definitely ________ a raise this year. I managed to ________ everyone.

05 Our policy is that freight costs should be ________ by customers.

06 This is definitely a good ________.

07 The difference is huge. Can we ________ somewhere in the middle?

08 Anything worth around 50 dollars is ________.

09 He's taken a day ________ today.

10 She was ________ to burst into tears.

01 well 02 portion 03 nothing, help 04 deserve, outsell
05 paid 06 bargain 07 meet 08 appropriate 09 off 10 about

026 | Can you double-check?

MP3 026

다시 확인해보시겠어요?

일정, 예약, 업무 범위 등에 혼선이 있을 때 또는 못 미더운 정보를 받았을 때 등 재차 확인할 필요가 있는 상황에서 쓸 수 있는 표현입니다.

A Moving onto sales, [1] what's the forecast for next year?

B [2] The outlook is very encouraging. [3] We expect to reach 500 million.

A What makes you think so?

B We are seeing signs of growth. We've recently had many sales inquiries.

A [4] Can you double-check? The growth seems to be a bit too much.

B Okay. I'll show you the source of relevant information.

A 매출로 넘어가죠, 내년 예상치가 얼마인가요?
B 전망은 아주 고무적입니다. 5억을 달성할 것으로 예상합니다.
A 어떻게 그렇게 생각하시나요?
B 성장 신호가 나타나고 있습니다. 판매 문의를 최근에 많이 받았어요.
A 다시 확인해보시겠어요? 성장이 다소 과한 것 같은데요.
B 네. 관련 정보 원천을 보여드리겠습니다.

더 다양하게 말하는 표현

Extras +

■ **상대방에게 확인을 요청하는 표현**
Can you check again? 다시 확인해보시겠어요?
Can you please confirm? 맞다고 확인해주시겠어요?

발음팁 [캔 유 더블 첵?] Can you double-check?

동사인 double-check이 중요하니 double의 '더'와 check의 '첵'을 강조합니다.

대화로 기억하세요.

Short **Talks +**

1 **What's the forecast for+기간?** ~의 예상치가 얼마인가요?

A What's the forecast for next month?

B We expect to sell 5 billion and spend 4 billion.

A 다음 달 예상치가 얼마인가요?

B 50억을 팔고 40억을 지출할 것으로 예상합니다.

2 **The outlook is+형용사** 전망은 ~입니다

A What are the prospects for the international market?

B The outlook is negative. Oil prices are expected to soar.

A 국제 시장 전망이 어떤가요?

B 전망이 부정적입니다. 유가가 치솟을 것이라 예상합니다.

3 **We expect to reach+수치** ~를 달성할 것으로 예상합니다

A The new factory is nearly complete. How much can you produce?

B We expect to reach 3 million units a month.

A 신공장이 거의 완성됐군요. 얼마만큼 생산 가능한가요?

B 한 달에 3백만 개를 달성할 것으로 예상합니다.

4 **Can you double-check?** 다시 확인해보시겠어요?

A The amount we should receive from Donman is 800.

B Wasn't it 900? Can you double-check?

A 돈만사로부터 받을 금액이 800입니다.

B 900 아니었나요? 다시 확인해보시겠어요?

자주 쓰는 단어 **Voca**

inquiry 문의
forecast 예측, 예보
billion 10억
prospect, outlook 전망
reach 도달하다, 달성하다

027 | The payment is due.

MP3 027

지급기일이 도래했습니다.

'돈 낼 날짜 됐습니다'의 완곡한 표현입니다. due는 '기일이 다 된'의 뜻입니다.

A Hi, this is Katie from Dondalla.

B Hello, Katie! How are you?

A Good! I have a reminder for you. [1] The payment is due.

B [2] What payment are you talking about?

A [3] It's regarding our services provided for the set-up of the machine XoX.

B Well, I don't think the payment is due yet. [4] We're ready to pay once the date is confirmed. I'll check the date again.

A 안녕하세요. 돈달라사의 케이티입니다.
B 안녕하세요. 케이티님. 잘 지내셨죠?
A 네! 다시 안내해드릴 건이 있어서요. 지급기일이 도래했습니다.
B 무슨 지급을 말씀하시는 거예요?
A XoX 기계 셋업 관련 저희가 제공한 용역 관련한 것입니다.
B 음, 지급기일이 아직 안된 것 같은데요. 날짜 확인되는 대로 지급 가능합니다. 제가 날짜를 다시 확인해볼게요.

더 다양하게 말하는 표현

Extras +

■ **기한 due**

due의 기본 의미는 '기간이 다 된, 예정된'으로, The payment is due는 '지급(payment)하는 기간이 다 되다', '지급기일이 다 되다'는 뜻이다.

The invoice has fallen due. 계산서 기일이 도래했습니다.
The invoice is 15 days past due. 계산서가 15일 연체됐습니다. (기한이 지났으니(past) 연체된 상황)

□ **리마인더 reminder**

한국어도 '리마인더'다. 상대방에게 어떤 사안을 상기(remind)시키고자 보내는 것으로, 재안내, 재공지 등이 모두 해당된다.

발음팁 [더 페이먼트 이ㅈ 듀] The payment is due.

payment(지급)와 due(기일이 도래한)가 중요하니 payment의 '페' 와 due의 '듀'를 강조합니다.

대화로 기억하세요.

Short **Talks +**

1 **The payment is due** 지급기일이 도래했습니다

A The payment for the water purifier is due.

B Are the filters checked?

A 정수기 대금 지급기일이 도래했습니다.

B 필터 점검됐나요?

2 **What+명사+are you talking about?** 무슨 ~를 말씀하시는 거예요?

A Now we're heading to a nice, quiet restaurant around here.

B What restaurant are you talking about?

A 여기 근처에 맛있고 조용한 식당으로 지금 가고 있어요.

B 무슨 식당을 말씀하시는 거예요?

3 **It's regarding ~** ~관련한 것입니다

A What's today's agenda about?

B It's regarding additional duties. We are trying our best to avoid it.

A 오늘 안건이 뭔가요?

B 가산세 관련한 것입니다. 이를 피하려고 전력을 다하고 있어요.

4 **be ready to pay once ~** ~되는 대로 지급 가능하다

A The balance is still outstanding.

B We'll be ready to pay once the final product is complete.

A 잔액이 아직 미회수 상태인데요.

B 최종 물품이 완성되는 대로 지급 가능합니다.

water purifier 정수기
additional duties 가산세
balance 잔액
outstanding 미회수 상태인

028 | That's what I mean. 제 말이 바로 그거예요.

MP3 028

다른 사람이 내가 하려고 한 말을 정확하게 했을 때 격하게(!) 공감하는 표현입니다. '그게 내가 말하려고 했던 바야!'의 뜻입니다.

A Is it [1] your first job here in Makman?

B No. I [2] used to work as an officer in the army.

A Oh, you were a soldier! I assume that experience helps you a lot in business, right?

B It surely does. Discipline is [3] the biggest thing I learned in the army.

A **That's what I mean.** Many skills are asked for to [4] run a successful business.

B What about you? Did you have any other jobs?

A 여기 막만사가 첫 직장인가요?
B 아뇨, 전 군대에서 장교로 복무한 적이 있습니다.
A 아, 군인이셨군요! 추측건대 그 경험이 사업에서도 도움이 꽤 될 것 같은데, 맞죠?
B 물론입니다. 군대에서 배운 점 중 가장 중요한 것은 규율이었습니다.
A 제 말이 바로 그거예요. 사업을 잘하려면 다양한 기술이 요구되죠.
B 사장님은 어떠세요? 다른 일 하신 적 있으세요?

더 다양하게 말하는 표현

Extras +

■ **공감할 때 쓰는 추가 표현**
That's what I was saying. 제 말이 바로 그거예요.
That's exactly my point. 제 말이 바로 그거예요.

□ **used to vs. be used to**
〈used to+동사원형〉 ~하곤 했다(옆 페이지 Short Talks를 자세히 보자)
〈be used to (동)명사〉 ~에 익숙해지다
I'm used to getting up early. 일찍 일어나는 것에 익숙해요.
We are used to the noise from the traffic. 저흰 차량 소음에 익숙합니다.

발음팁 [댓ㅊ 웟 아이 미인] That's what I mean.

누군가가 정확하게 한 말이 that이겠죠? 내가 말하고자 하는 바가 mean이 되니 that의 '댓'과 mean의 '미'을 강조합니다.

대화로 기억하세요.

Short **Talks +**

1 **one's first job** 첫 직장

A I started my career at KingCa Industries. It was my first job.

B How long were you with KingCa?

A 저는 킹카산업에서 경력을 쌓기 시작했습니다. 제 첫 직장이죠.

B 킹카에서 얼마나 근무하신 거예요?

2 **used to work as sth** ~로 일한 적이 있다

A Do you have any work experience?

B I used to work as a bookkeeper in an accounting office.

A 업무 경험이 있으신가요?

B 회계사무소에서 기장직원으로 일한 적이 있어요.

3 **the biggest thing I learned** 배운 점 중 가장 중요한 것

A The biggest thing I learned in my twenties is that you have to fight for what you want.

B I agree. Nothing comes for free.

A 20대에 배운 점 중 가장 중요한 것은 원하는 것을 얻기 위해서는 싸워야 한다는 것입니다.

B 공감합니다. 공짜로 얻을 수 있는 것은 없죠.

4 **run a business** 사업을 하다

A I've been running this business for the last 3 years.

B Is it getting tougher as time goes on?

A 저는 이 사업을 지난 3년간 해왔습니다.

B 시간이 지남에 따라 계속 힘들어지나요?

자주 쓰는 단어 **Voca**

assume 추측하다, 추정하다
bookkeeper 기장(장부 기록)하는 사람
accounting office 회계사무소
in one's 20's(twenties) 20대에
for free 공짜로

029 | Well, there's an issue.

MP3 029

이슈가 있어요.

회의나 이메일 등을 시작할 때도 쓸 수 있는 표현입니다. 어감상 problem은 issue보다 더 강하고 나쁜 일이라고 선입견을 주는 단어라 피하는 것이 좋습니다.

A **As you see on the chart,** [1] sales have increased by **10% this month.**

B **That's not bad. What is the main reason?**

A **People ordering online are** [2] on the rise.

B **Well, there's an issue.**

A [3] What is your concern?

B **We're** [4] having trouble **collect**ing **the big receivables.**

A 차트에서 보시다시피, 매출이 이번 달 10% 증가했습니다.
B 나쁘진 않네요. 주요 원인이 뭐죠?
A 온라인 주문자가 오름세를 보이고 있네요.
B 이슈가 있어요.
A 걱정하시는 부분이 뭔가요?
B 거액의 미수금을 회수하는 데 어려움이 있네요.

더 다양하게 말하는 표현

Extras +

■ **issue 관련 추가 표현**
I've been dealing with this issue. 제가 이 이슈를 다루고 있는데요.

□ **감소하다 decrease vs. decline**
두 단어는 접두어 de-가 붙어서 비슷하게 보인다. 하지만 decrease는 양적 감소에만 쓰이고 decline은 양적, 질적 감소를 포괄하는 개념이라는 점에서 차이가 있다. decline은 한국어로 '감소하다', '쇠퇴하다', '거절하다'이다.
Our share price has declined(decreased) by 20 won. 저희 주가가 20원 감소했는데요.〈양적 감소〉
Pokmang has been in decline since the M&A. 폭망사는 합병 이후 내리막길을 걷고 있습니다.〈질적 감소〉
Your credit card has been declined. 귀하의 신용카드가 거절되었습니다.

발음팁 [웰, 데어스 언 이슈] Well, there's an issue.

issue가 중요하니 issue의 '이'를 강조합니다.

대화로 기억하세요.

Short **Talks +**

1 **sales have in(de)creased by +수치** 매출이 ~만큼 증가(감소)했습니다

A Annual sales have decreased by 200 million.

B That's unacceptable.

A 연간 매출이 2억 감소했습니다.

B 용납이 안 되겠는데요.

2 **on the rise** 상승세인, 오름세인

A The unemployment rate has been on the rise in the first quarter.

B What about the inflation rate?

A 1분기 중 실업률이 상승세였습니다.

B 물가상승률은요?

3 **What is your concern?** 걱정하시는 부분이 뭔가요?

A What happened? What is your concern?

B The exchange rate is soaring. This makes our margin smaller.

A 무슨 일인가요? 걱정하시는 부분이 뭔가요?

B 환율이 너무 올랐네요. 저희 마진이 줄어들 것 같습니다.

4 **have trouble+동명사** ~에 어려움을 겪다, 애를 먹다

A Did you enjoy the flight?

B I had trouble sleeping. I think I had too much food.

A 비행은 마음에 드셨는지요?

B 자는 데 애를 먹었어요. 너무 많이 먹어서 그랬나 봐요.

자주 쓰는 단어 **Voca**

issue 문제, 쟁점, 사안
receivables (복수명사) 미수금, 수취채권
unemployment rate 실업률
inflation rate 물가상승률
soar 치솟다

030 | It's not working properly.

MP3 030

고장 난 것 같은데요.

여기에서 properly는 '제대로'라는 뜻입니다. 물건이 고장나서 제대로 작동하지(work) 않는다고 알리는 표현을 알아봅시다.

A **Something is wrong with one of the machines we bought from your company.**

B **Which one are you talking about?**

A **The red one.** [1] It's not working properly. [2] It **also** has a weird sound.

B **Can you film it and send it to us? That'd be very nice of you.**

A **Okay. Wait a second. There you go. Can you** [3] open the file**?**

B **Yes, I can. There seems to be a problem with the fan.** [4] I'll get back to you **soon.**

A 귀사로부터 매입한 기계 중 하나가 이상한 것 같아요.
B 어떤 거 말씀하시는 거죠?
A 빨간 거요. 고장 난 것 같은데요. 이상한 소리도 나요.
B 촬영해서 보내실 수 있을까요? 그래 주시면 감사하겠습니다.
A 네. 잠시만요. 보냈어요. 파일 열리나요?
B 네 열립니다. 팬에 문제가 있는 것 같아요. 곧 다시 연락드릴게요.

더 다양하게 말하는 표현

Extras +

■ **받은 물건에 이상이 있을 때 쓰는 표현**

It's broken. 파손됐는데요.
It's damaged. 파손됐는데요.
There are some defects. 일부 불량이에요.

발음팁 [잇ㅊ 낫 워킹 프롸펄리] It's not working properly.

부정서술어 not과 '제대로'를 뜻하는 properly가 중요하니 not의 '낫'과 properly의 '프롸'를 강조합니다.

대화로 기억하세요.

Short **Talks +**

1 **It's not working properly** 고장 난 것 같은데요

A Any issues with the car?

B The gear feels really stiff. It's not working properly.

A 차에 무슨 문제라도 있나요?

B 기어가 너무 뻑뻑한 것 같아요. 고장 난 것 같은데요.

2 **It has a weird sound** 이상한 소리가 나요

A I turned the air-conditioner on and it has a weird sound.

B Let me go up to your room.

A 에어컨을 켰는데 이상한 소리가 나요.

B 방으로 올라갈게요.

3 **open the file** 파일을 열다

A I cannot open the file.

B Please try another file extension.

A 파일이 안 열리는데요.

B 파일 확장자를 다른 거로 해보세요.

4 **I'll get back to you** 다시 연락드릴게요(이따가 갈게요)

A Can you help me with this copier? It has a paper jam.

B I'll get back to you in a minute. I just need to hand this in.

A 복사기 쓰는 거 도와주실 수 있을까요? 종이가 걸렸어요.

B 잠시 후 갈게요. 이거 제출만 하면 돼요.

자주 쓰는 단어 **Voca**

stiff 딱딱한, 뻑뻑한
file extension (txt, jpg 등의) 파일 확장자
defect 불량품
(photo)copier 복사기
paper jam 종이 걸림
hand sth in ~를 제출하다

Review

한영 영어 말하기 026~030

앞에서 배운 문장을 말해보세요.
표시된 부분이 바로 떠오르지 않는다면 해당 부분으로 돌아가 패턴과 표현을 확인하세요.

01 한 달에 3억 개를 달성할 것으로 예상합니다. 026

02 전망이 부정적입니다. 유가가 치솟을 것이라 예상됩니다. 026

03 정수기 대금 지급기일이 도래했습니다. 027

04 가산세 관련한 것입니다. 이를 피하기 위해 전력을 다하고 있어요. 027

05 회계사무소에서 기장직원으로 일한 적이 있어요. 028

06 사업을 잘하려면 다양한 기술이 요구되죠. 028

07 매출이 이번 달 10% 증가했습니다. 029

08 실업률이 1분기 중 상승세였습니다. 029

09 기어가 너무 뻑뻑한 것 같아요. 고장 난 것 같은데요. 030

10 잠시 후 갈게요. 이거 제출만 하면 돼요. 030

영영 영어 말하기 026~030

왼쪽에서 복습한 문장을 영어로 완성해보세요.
문장을 완성하고 다시 한번 입을 열어 말해보세요.

01 We expect to ________ 300 million units a month.

02 The outlook is negative. Oil prices are expected to ________.

03 The payment for the water ________ is ________.

04 It's regarding ________ duties. We are trying our best to ________ it.

05 I ________ to work as a ________ in an accounting office.

06 Many skills are asked for to ________ a successful business.

07 Sales have increased ________ 10% this month.

08 The unemployment rate has been on the ________ in the first quarter.

09 The gear feels really ________. It's not working ________.

10 I'll ________ back to you in a minute. I just need to ________ this in.

01 reach 02 soar 03 purifier, due 04 additional, avoid
05 used, bookkeeper 06 run 07 by 08 rise 09 stiff, properly 10 get, hand

031 | We employ 500 people.

MP3 031

저희 직원은 500명입니다.

회사를 소개하는 자리에서 자신이 속한 회사나 조직의 규모를 나타낼 때 자주 쓰는 표현입니다.

A When was your company founded?

B Makpal [1] was founded in 1996.

A That's quite a history! [2] How big is the current staff?

B [3] We employ 500 people. Staff in Busan is included.

A Good! And your position is...?

B I'm the HR manager in Seoul. [4] I oversee about 300 employees.

A 회사가 언제 설립됐나요?
B 막팔사는 1996년에 설립되었습니다.
A 역사가 꽤 됐군요! 현재 직원이 몇 명인가요?
B 저희 직원은 500명입니다. 부산 직원도 포함입니다.
A 그렇군요! 현재 맡고 있으신 직책이…?
B 저는 서울의 인사부 관리자입니다. 직원 300여 명을 관리감독하고 있어요.

더 다양하게 말하는 표현

Extras +

■ **회사 규모를 나타내는 추가 표현**
We have a staff of about 500. 저희 직원은 약 500명입니다.

□ **자주 등장하는 회사 부서명**

Sales 영업
Purchasing 구매
Orders 발주
Production 생산
Administration 행정
Accounting 회계
Planning 기획
Finance 재무
Human Resources(HR) 인사
Public Relations 홍보
Legal 법무
Research and Development(R&D) 연구개발
Logistics 물류
After-Sales Service 애프터서비스
IT(Information Technology) IT

발음팁 [위 임플로이 파이브 헌드뤠ㄷ 피플] We employ 500 people.

'고용하다(employ)', '500명(five hundred people)'이 각각 중요하니 employ의 '로이' 그리고 five의 '파'와 people의 '피'를 강조합니다.

대화로 기억하세요.

Short **Talks +**

1 회사명+was founded+시점 ~는 …에 설립되었다

A How old is your company?

B Dondalla was founded two years ago.

A 얼마나 된 회사인가요?

B 돈달라사는 2년 전 설립되었습니다.

2 How big is the staff? 직원이 몇 명인가요?

A How big is the staff in your company?

B We have a staff of about 200 in Korea. The global group has about 7,000.

A 다니시는 회사 직원이 몇 명인가요?

B 우리 한국 직원은 약 200명입니다. 글로벌 그룹까지 하면 약 7,000명입니다.

3 We employ+숫자+people 저희 직원은 ~명입니다

A What's the name of your CEO and how big is the company?

B His name is Don Marnee. We employ 500 people.

A 사장님 성함이 어떻게 되고 회사 규모는 어느 정도인가요?

B 사장님 성함은 돈 마아니입니다. 저희 직원은 500명입니다.

4 oversee sb ~를 관리감독하다

A Please welcome Ms. Wang Noon. She oversees about 100 employees.

B Hello! You must be a very powerful woman here!

A 왕눈 씨를 환영해주세요. 직원 약 100명을 관리감독하고 있으세요.

B 안녕하세요! 여기 권력자이신가 봐요!

자주 쓰는 단어 **Voca**

found 설립하다

oversee 총괄하다, 관리감독하다

032 | It's easy to use. 사용하기 쉬워요.

MP3 032

제품의 장점을 나타내는 표현 중에서 자주 쓰는 대표적인 표현으로 '사용이 쉽다'를 말해봅시다.

A **Good afternoon! [1] Let me show you something exciting!**

B **So, it has 3 legs, right?**

A **Yes. [2] The best thing about this tripod is its simplicity. [3] It's easy to use.**

B **Are there any protection covers for the legs?**

A **These white sleeves are the covers. They are waterproof.**

B **Let me [4] hold it up. It's pretty light. I like it.**

A 안녕하세요! 재미난 거 보여드릴게요.
B 그러니까 다리가 세 개인 거죠?
A 그렇습니다. 이 삼각대의 가장 큰 장점은 심플함입니다. 사용하기 쉬워요.
B 다리 보호 커버가 있을까요?
A 이 하얀 보호대가 커버입니다. 방수도 돼요.
B 한 번 들어볼게요. 상당히 가볍네요. 마음에 들어요.

더 다양하게 말하는 표현

Extras +

■ **사용 용이성 관련 추가 표현**
This is user-friendly. 사용하기 쉬워요.
You will find this very handy. 사용하기 쉬워요.

□ **제품의 주요 기능을 설명할 때 자주 쓰는 표현**
durable 내구성이 좋은
waterproof 방수가 되는
light in weight 무게가 가벼운
high resolution 고해상
fast processing time 빠른 처리 시간
high-capacity battery 대용량 배터리

발음팁 [잇ㅊ 이지 투 유즈] It's easy to use.

easy(쉬운)의 '이'와 use(사용하다)의 '유'에 각각 강세를 둡니다.

대화로 기억하세요.

Short **Talks +**

1 **Let me show you something+형용사!**
~한 거 보여드릴게요 (전시회 부스 같은 곳에서 흔히 쓰는 표현)

A Hello! Let me show you something interesting!
B Excuse me, where's the bathroom?

A 안녕하세요! 재미난 거 보여드릴게요!
B 죄송한데 화장실이 어디죠?

2 **The best thing about it is ~**
이것의 가장 큰 장점은 ~입니다

A What's new about this item?
B The best thing about it is that the battery hardly goes dead.

A 이 물건의 새로운 점은 무엇인가요?
B 이것의 가장 큰 장점은 배터리가 거의 죽질 않는다는 것입니다.

3 **It's easy to use** 사용하기 쉬워요

A It must be the new frier, right?
B Yeah. Just press this button and it does the work for you! It's easy to use, isn't it?

A 이게 그 새로 나온 튀김기죠?
B 네. 이 버튼을 누르기만 하면 다 알아서 돼요! 사용하기 쉽죠?

4 **hold up sth** ~를 들다

A Can you hold up the baby and make him face this way?
B Okay. Will that do?

A 아기 들어주시고요. 이쪽 보게끔 해주시겠어요?
B 네. 이 정도면 되나요?

자주 쓰는 단어 **Voca**

tripod 삼각대
simplicity 단순함, 심플함
protection 보호
sleeve 옷의 소매, 보호대
frier(fryer) 튀김기
face 마주 보다(향하다)

033 | What do you recommend?

MP3 033

추천하시는 게 뭐예요?

식당을 갔는데 메뉴판이 복잡해서 뭘 시켜야 할지 모를 때가 있습니다. 이럴 때는 깊이 고민하지 말고 종업원에게 추천을 받아봅시다.

A [1] Are you ready to order?

B The menu is huge. [2] What do you recommend?

A If you're a meat-lover, you should try our T-bone steak. If you [3] feel like having fish, I recommend the sea bass.

B [4] Which one is more popular?

A The T-bone steak.

B Hmm. I'll have the chicken salad.

A 주문하시겠어요?
B 메뉴가 너무 많아요. 추천하시는 게 뭐예요?
A 고기를 좋아하신다면 저희 티본 스테이크를 드셔보세요. 생선을 드시고 싶으시다면 농어를 추천해드립니다.
B 어떤 것이 더 인기 있나요?
A 티본 스테이크입니다.
B 흠. 치킨샐러드로 주세요.

더 다양하게 말하는 표현

Extras +

■ **식당에서 자주 쓰는 표현**

What's your specialty? 여기 잘하는 게 뭐예요?
What's the most popular dish? 가장 인기 있는 요리가 뭐예요?
Can we move to that table over there? 저기 있는 저 테이블로 옮길 수 있을까요?

발음팁 [웟 두 유 뤠커멘드?] What do you recommend?

의문사 what(무엇)과 동사 recommend(추천하다)가 중요하니 what의 '웟'과 recommend의 '멘'을 강조합니다.

대화로 기억하세요.

Short **Talks +**

1 **Are you ready to order?** 주문하시겠어요?

A Are you guys ready to order?

B A few more minutes, please. Thank you.

A 주문하시겠어요?
B 시간 좀 더 주세요. 감사합니다.

2 **What do you recommend?** 추천하시는 게 뭐예요?

A What do you recommend tonight?

B Today's special is roasted lamb shank with mashed potatoes.

A 오늘 밤에는 뭘 추천하시나요?
B 오늘의 특별요리는 양 다리구이에 으깬 감자를 곁들인 것입니다.

3 **feel like+동명사** ~할 마음이 나다

A Do you feel like going out for a drink?

B Why not?

A 한잔하러 나갈 생각 있어요?
B 가시죠.

4 **Which one is more popular?** 어떤 것이 더 인기 있나요?

A You should try either raw octopus or skate salad.

B Which one is more popular?

A 산낙지나 홍어 무침을 드셔보는 게 좋을 것 같아요.
B 어떤 것이 더 인기 있나요?

자주 쓰는 단어 **Voca**

sea bass 농어
shank 정강이
Why not? 좋습니다(왜 안 되겠어요?: 동의할때)
skate 홍어
raw octopus 산낙지

034 | An aisle seat, please. 통로 쪽 좌석으로 주세요.

MP3 034

항공사 앱으로 미리 좌석 지정을 못했을 때 이렇게 말해보세요.

A Good morning! Welcome to Nopi Airlines.

B Here's my passport. **An aisle seat, please.**

A Oh, [1] there are no more of them left. I only have middle seats.

B [2] That's too bad.

A I'm afraid to tell you that [3] the flight has been delayed for about 40 minutes.

B You know what happened?

A [4] It shows that the aircraft maintenance is taking longer than scheduled.

A 안녕하세요! 노피 항공에 오신 것을 환영합니다.
B 제 여권 여기 있습니다. 통로 쪽 좌석으로 주세요.
A 아. 통로 쪽 좌석이 더 이상 없네요. 중간 좌석밖에 없어요.
B 저런.
A 죄송하오나 비행기가 약 40분 정도 지연되었습니다.
B 무슨 일인지 아시나요?
A 비행기 정비가 예정된 것보다 오래 걸린다고 뜨네요.

더 다양하게 말하는 표현

Extras +

■ **비행기 좌석 관련 표현**

A window seat, please. 창가 쪽 좌석으로 주세요.
Can I change my seat? 자리를 바꿀 수 있을까요?
Excuse me, can I trade seats with you? She is my friend.
죄송한데요, 저와 자리 바꿔 주실 수 있으세요? 이 친구가 일행이라서요.

발음팁 [안 아일 씨잍 플리즈] An aisle seat, please.

aisle(통로)이 중요하니 aisle의 '아'를 강조합니다.

대화로 기억하세요.

Short **Talks +**

1 **There are no more left** 더 이상 남은 게 없어요

A Do you have a direct flight to Chicago?

B No, there are no more left.

A 시카고행 직항 항공편이 있나요?

B 아뇨. 더 이상 남은 게 없어요.

2 **That's too bad** 저런(참 안됐네요)

A I think my stomach is upset. Can I leave early today?

B That's too bad. I was thinking of taking a day off tomorrow.

A 배탈이 난 것 같은데요. 오늘 조퇴해도 될까요?

B 저런 내일 저 연차 내려고 했는데.

3 **The flight has been delayed for+시간** ~만큼 비행기가 지연되었습니다

A The flight has been delayed for another hour.

B This is ridiculous. I'm fed up with waiting.

A 비행기가 한 시간 더 지연되었습니다.

B 어이가 없네요. 기다리는 거에 질려버리겠어요.

4 **It shows ~** ~라고 뜨네요

A How can I get to Hongdae? By train?

B No. It shows taking a train takes longer than a bus. Get on a bus.

A 홍대로 어떻게 가죠? 지하철로 갈까요?

B 아뇨. 기차 타면 버스보다 오래 걸린다고 나와요. 버스를 타세요.

자주 쓰는 단어 **Voca**

maintenance 정비
direct flight 직항
upset stomach 배탈
take a day off 하루 연차(휴가)를 내다
fed up with+(동)명사 ~에 질려버리다

035 | Can you make it? 참석 가능하신가요?

MP3 035

make의 기본 의미는 '만들다'지만, 비즈니스 상황에서 회의, 약속 등에 쓸 때는 '나타나다(참석하다)'의 의미로 쓸 때가 많습니다. 뒤에 'at + 시간', 'on + 요일', 'to +장소'를 넣어 다양하게 말해보세요.

A Hello, this is Hyo-rin from Company Makpal. I'm [1] speaking on behalf of Mr. Sagong, by boss.

B Oh, hi! [2] I've been expecting a call.

A I understand we are meeting tomorrow at 2 PM at the lobby. [3] Can you make it?

B Yes, I can. What are we doing tomorrow?

A Mr. Sagong asked me to [4] show you around the premises.

B Sounds awesome. I'll see you then!

A 안녕하세요. 막팔사의 효린입니다. 제 상사분인 사공부장님 대신해서 전화드렸어요.
B 오, 안녕하세요! 전화 기다리고 있었어요.
A 내일 오후 2시 로비에서 뵙는 것으로 알고 있는데요. 참석 가능하신가요?
B 네 가능합니다. 내일 저희 뭐하나요?
A 회사 부지를 같이 둘러보라고 사공부장님께서 저한테 부탁하셨어요.
B 너무 좋은데요. 그럼 그때 봬요!

더 다양하게 말하는 표현

Extras +

■ **참석 여부 확인 추가 표현**
Can you make it at 5? 5시에 참석 가능하신가요?
Can you make it on Friday? 금요일에 참석 가능하신가요?
Can you make it to the finance center? 금융센터에 참석 가능하신가요?

□ **대신하는 on behalf of vs. instead of**
한국어로는 둘 다 '대신하는'의 의미가 되지만, 상황에 따라 다르게 쓴다. on behalf of는 누군가를 대신해서 대표하는 공식적인 상황에서 주로 쓰고, instead of는 단순히 무엇인가를 대체할 때 쓰는 표현이다.
I'm emailing you on behalf of the president. 사장님을 대신하여 메일 드립니다.
I'd take extra cash instead of a day off. 연차 하루 대신 현금을 받을 게요.

발음팁 [캔 유 메이 킷?] Can you make it?

'참석하다'를 의미하는 동사 make가 중요하니 make의 '메'를 강조합니다. make와 it은 연음되어 '메이킷'으로 발음됩니다.

대화로 기억하세요.

Short **Talks +**

1 **speak on behalf of sb** ~를 대신(대표)해서 얘기하다

A This is John Yang, speaking on behalf of Makpal Company.

B Anyone else from Makpal?

A 저는 존 양이고요. 막팔사를 대표해서 이 자리에 참석하였습니다.

B 막팔사에서 오신 분 또 있으신가요?

2 **I've been expecting sb** ~를 기다리고 있었어요

A Hello, Ms. Watson. You wanted to see me?

B Come on in. I've been expecting you.

A 왓슨 씨 안녕하세요. 저 찾으셨죠?

B 들어오세요. 기다리고 있었어요.

3 **Can you make it?** 참석 가능하신가요?

A Dinner will be a Korean barbecue at a local restaurant. Can you make it?

B That sounds awesome. Count me in.

A 저녁은 현지 식당에서 한국식으로 고기를 구워 먹을 거예요. 참석 가능하신가요?

B 너무 좋은데요. 저도 끼워주세요.

4 **show sb around+장소** ~와 함께 어디를 둘러보다

A Let me show you around the office. It's going to take about 20 minutes.

B Can I quickly go to the toilet first?

A 사무실을 같이 둘러보시지요. 20분 정도 걸릴 거예요.

B 우선 화장실 좀 갔다 올 수 있을까요?

자주 쓰는 단어 **Voca**

premises (기업체가 소유·사용하는 건물이 딸린) 부지

count sb in ~를 끼워주다

premise 전제 (premises의 단수형 같지만, 비즈니스 실무 영어에서는 쓸 일이 거의 없다)

Review

한영 영어 말하기 031~035

앞에서 배운 문장을 말해보세요.
표시된 부분이 바로 떠오르지 않는다면 해당 부분으로 돌아가 패턴과 표현을 확인하세요.

01 돈달라사는 2년 전 설립되었습니다. 031

02 저는 서울의 인사부 관리자입니다. 직원 300여 명을 관리감독하고 있어요. 031

03 이 삼각대의 가장 큰 장점은 심플함입니다. 032

04 안녕하세요! 재미난 거 보여드릴게요! 032

05 생선을 드시고 싶으시다면 농어를 추천해 드립니다. 033

06 오늘의 특별요리는 양다리구이에 으깬 감자를 곁들인 것입니다. 033

07 배탈이 난 것 같은데요. 오늘 조퇴해도 될까요? 034

08 어이가 없네요. 기다리는 거에 질려버리겠어요. 034

09 제 상사분인 사공부장님 대신해서 전화드렸어요. 035

10 회사 부지를 같이 둘러보시지요. 035

영영 영어 말하기 031~035

왼쪽에서 복습한 문장을 영어로 완성해보세요.
문장을 완성하고 다시 한번 입을 열어 말해보세요.

01 Dondalla was ________ two years ago.

02 I'm the ________ manager in Seoul. I ________ about 300 employees.

03 The best thing about this tripod is its ________.

04 Hello! Let me show you something ________!

05 If you ________ like having fish, I recommend the sea bass.

06 Today's ________ is roasted lamb shank with mashed potatoes.

07 I think my stomach is ________. Can I leave ________ today?

08 This is ridiculous. I'm ________ up with waiting.

09 I'm speaking on ________ of Mr. Sagong, by boss.

10 Let me show you around the ________.

01 founded 02 HR, oversee 03 simplicity 04 interesting
05 feel 06 special 07 upset, early 08 fed 09 behalf 10 premises

036 | I'm a light drinker. 저 술 잘 못 마셔요.

MP3 036

술을 잘 못 마시는데 상대방이 너무 적극적으로 술을 권할 때 쓰는 표현입니다. 과음해서 다음 날 일정에 지장을 주면 안 되겠죠?

A How did you like the food? [1] You finished it all.

B The food was a little salty but it was wonderful!

A Did you enjoy being here? Hope everything [2] was up to your expectations.

B [3] It was great doing business with you. The last couple of days were fantastic!

A Wanna go for another round of beer? Beer is on me!

B Thanks for the offer. But, **I'm a light drinker.** [4] I'd better go back to the hotel.

A 음식 어땠나요? 다 비우셨네요.
B 약간 짜긴 했지만, 정말 맛있게 먹었어요.
A 오셔서 좋은 시간 보내셨나요? 여러모로 만족하셨으면 좋겠네요.
B 같이 일할 수 있어서 즐거웠습니다. 지난 며칠간 너무 좋은 시간이었어요.
A 맥주 한잔하러 옮기실까요? 맥주는 제가 쏠게요!
B 제안 감사합니다. 하지만 저 술 잘 못 마셔서요. 숙소로 복귀하는 게 전 좋을 것 같아요.

더 다양하게 말하는 표현

Extras +

■ **주량을 나타내는 추가 표현**
He's a heavy drinker. 그 사람 말술이에요.(술 잘 마셔요.)

□ **흔히 실수하는 콩글리시 표현**
영어에서는 술 마시는 것을 능력으로 간주하지 않기 때문에 아래처럼 말하지 않는다.
(X) I don't drink well. (X) I'm not good at drinking.

● **알딸딸하다 vs. 취하다 vs. 인사불성 되다**
술 취해도 다 똑같이 취한 게 아니다. 술 취한 정도에 따라 다양하게 말해보자.
I feel tipsy. 알딸딸한데요.
Ms. Shin got drunk last night. 신차장님 어젯밤 취했어요.
Mr. Kim was wasted at his own wedding. 김과장님 본인 결혼식에서 인사불성 됐어요.

발음팁 [아임 어 라잍 쥬륑커] I'm a light drinker.

'과하게'가 아닌 '가볍게'를 뜻하는 light가 중요하므로 light의 '라'를 강조합니다.

대화로 기억하세요.

Short **Talks +**

1 **You finished it all / You hardly finished it**
(음식을) 다 비우셨네요/많이 남기셨네요

A Didn't you like the pork belly? You hardly finished it.
B Well, I'd prefer the soybean soup instead.

A 삼겹살 잘 안 맞으세요? 많이 남기셨네요.
B 음…. 된장국이 더 나은 것 같아요.

2 **up to one's expectations** ~의 기대에 부응하다(미치다)

A Your sales this month was not up to everyone's expectations.
B I promise I'll do better next month.

A 이번 달 실적이 모든 사람의 기대에 미치질 못했어요.
B 다음 달에는 꼭 더 잘할 거라고 약속드립니다.

3 **It was great doing business with sb**
~와 같이 일해서 즐거웠습니다

A It was great doing business with Makpal.
B Likewise. Looking forward to working with you again!

A 막팔사와 같이 일해서 즐거웠습니다.
B 마찬가지예요. 다시 함께 일하기를 기대하고 있을게요.

4 **had better+동사원형**
~하는 것이 좋을 것 같다(현재 상황에서 가장 좋은 선택을 말할 때)

A You'd better hurry or we'll miss the flight.
B Okay. I'll wrap up within 5 minutes.

A 서두르시는 게 좋을 것 같아요. 안 그러면 비행기를 놓칠 거예요.
B 알겠습니다. 5분 이내로 정리할게요.

자주 쓰는 단어 **Voca**

wanna want to의 줄임말
round of beer 맥주 한잔하는 자리
pork belly 삼겹살
soy bean soup 된장국
likewise 마찬가지로
look forward to+(동)명사 ~를 기대하다

037 | Can we move on? (다음 주제로) 넘어갈까요?

MP3 037

회의를 해도 결론이 안 나오는데 계속 같은 사안에 대해 얘기는 건 시간 낭비겠죠. 모두의 시간을 아끼고 진도를 계속 나가자고 제안하는 표현입니다.

A This is not our job. We just [1] cannot afford any more staff.

B Neither can we. We're [2] working our butts off.

A This is [3] going around in circles. **Can we move on?**

B Yeah. Let's get back to this issue later.

A Alright. Now let's start with the timeline.

B So, the CEO wants to have this task done [4] by the end of July, right?

A 이건 저희가 할 일이 아니죠. 여유 인력이 전혀 없어요.
B 저희도 마찬가지예요. 지금 뼈 빠지게 일하고 있는데요.
A 이거 진전이 없네요. 넘어갈까요?
B 그러시죠. 이 이슈는 나중에 다시 다루도록 하시죠.
A 네. 이번에는 일정에 관해 얘기를 해봅시다.
B 그래서 대표님은 이 일을 7월 말까지 완료했으면 하시는 거죠?

더 다양하게 말하는 표현

Extras +

■ **'넘어갈까요?'와 유사한 표현**
Can we continue? 계속할까요?
Can we jump to the next topic? 다음 토픽으로 넘어갈까요?
Can we come back to this later? 이거는 이따가 다시 할까요?

발음팁 [캔 위 무브 온?] Can we move on?

move on이 중요하니 move의 '무'와 on의 '온'을 강조합니다. move on은 연음되어 실제로는 '무 본'처럼 발음됩니다.

대화로 기억하세요.

Short **Talks +**

1 **cannot afford+명사** ~ 여유가 없다

A Can we get a new car? The one we have now is just too old.

B We cannot afford one. Maybe next Summer?

A 새 차를 뽑을 수 있을까요? 현재 끌고 다니는 건 너무 오래됐어요.

B 새 차 뽑을 여력이 안 되네요. 내년 여름에 혹시 가능할지도?

2 **work one's butt off** 뼈 빠지게 일하다

A What are your plans for the weekend?

B I have to work my butt off. I have a report coming up on Monday.

A 주말 계획이 어떻게 돼요?

B 뼈 빠지게 일해야 합니다. 월요일에 보고가 있어서요.

3 **go around in circles** 빙글빙글 돌고 있다(진전이 없다)

A The discussion is going around in circles. This has to stop.

B Why don't we take a break?

A 회의가 제자리걸음을 하고 있어요. 이만 멈춰야 합니다.

B 잠시 쉬었다 할까요?

4 **by the end of+월/년** ~월/년 말까지

A When does this project have to finish?

B By the end of the year.

A 이 프로젝트 언제까지 마무리해야 하나요?

B 연말까지요.

자주 쓰는 단어 **Voca**

afford ~할 여유(형편)가 되다
butt 엉덩이
come up 다가오다
circle 동그라미
break 휴식

038 | I'll think about it.

MP3 038

생각 좀 해볼게요.

어떤 사안에 대해 바로 답변을 주기 어렵거나 시간을 벌어야 할 때 쓰는 표현입니다.

A Can we [1] shake hands on this price?

B Not yet. Any other offers you can make?

A No, sorry. 7.3 dollars per unit [2] is the best I can do.

B **I'll think about it.** [3] I'll have to discuss with my boss first.

A [4] By when can I get an answer?

B Hopefully by tomorrow. I'm having a call with my team later at night.

A 이 가격에 합의할 수 있을까요?
B 아직요. 다른 제안 가능하신 것이 있을까요?
A 죄송하지만 없습니다. 개당 7.3달러가 제가 해드릴 수 있는 최선입니다.
B 생각 좀 해볼게요. 제 상사께 일단 상의드려야겠네요.
A 답변을 언제까지 받을 수 있을까요?
B 내일까지 해보도록 하겠습니다. 이따 밤에 팀과 통화를 해야 해서요.

더 다양하게 말하는 표현

Extras +

■ **시간을 벌어야 할 때 쓰는 표현**

We need more time. 시간이 더 필요해요.
We could deal with that later. 그건 나중에 다루는 게 좋겠네요.
I'm afraid I need some more information. 정보가 더 필요해보이네요.

발음팁 [아일 씽크 어바우 릿] I'll think about it.

'생각하다'인 think가 중요하니 think의 '씽'을 강조합니다. about 끝의 t는 거의 발음이 안 되므로 it과 연음이 되어 실제로는 '어바우릿'으로 발음합니다.

대화로 기억하세요.

Short **Talks +**

1 **shake (hands) on sth** ~에 (악수함으로써) 합의하다

A Costs in total would be 250 pounds including free shipping.

B Sounds good. Let's shake on it.

A 비용 합계는 무료 배송 포함해서 250파운드 되겠습니다.

B 좋습니다. 그렇게 하시죠.

2 **sth is the best I can do** ~가 제가 해드릴 수 있는 최선입니다

A Could you give us a special discount?

B 30% is the best I can do. Seriously.

A 특별할인을 해주실 수 있으신가요?

B 제가 해드릴 수 있는 최선은 30%입니다. 진심이에요.

3 **I'll have to discuss with sb** ~와 상의를 해봐야겠네요

A This is the best idea I can give you.

B I'll have to discuss with my team leader. Let me call you later.

A 이게 제가 드릴 수 있는 가장 좋은 아이디어예요.

B 저희 팀장님과 상의해봐야겠네요. 이따가 연락드리겠습니다.

4 **By when can I get sth?** ~를 언제까지 받을 수 있을까요?

A By when can I get your confirmation?

B You'll have it in a few days.

A 작성하신 확인서를 언제까지 받을 수 있을까요?

B 며칠 후에 받으실 수 있을 겁니다.

자주 쓰는 단어 **Voca**

deal with sth ~를 다루다
shake hands 합의하다
in total 다 포함해서
team leader 팀장
confirmation 확인서

039 | The numbers look strange.

MP3 039

숫자가 이상하네요.

제시된 숫자에 이상이 있을 때 의문을 제기해봅시다.

A **Can you take a look at sheet 2?**

B **Okay. [1] I'm with you.**

A **Figures on row 70 seem to be incorrect.**

B **Hmm. [2] The numbers look strange.**

A **I think they are in euros. They [3] need to be changed to US dollars.**

B **[4] Point well taken.**

A 2번 시트를 봐주시겠어요?
B 네. 보고 있어요.
A 70행의 수치가 틀린 것 같은데요.
B 흠. 숫자가 이상하네요.
A 유로로 되어 있는 것 같아요. US달러로 바뀌어야 할 것 같네요.
B 무슨 말씀인지 잘 알겠습니다.

더 다양하게 말하는 표현

Extras +

■ **숫자 오류 관련 추가 표현**
The numbers look odd. 숫자가 이상하네요.
This number looks weird. 이 숫자 이상한데요.

□ **'잘 알겠습니다' 의미로 자주 쓰는 표현**
I get it.
I see your point.
I see what you mean.

발음팁 [더 넘버즈 룩 스츄뤠인지] The numbers look strange.

'숫자' numbers와 '이상하다' strange가 중요하니 numbers의 '넘'과 strange의 '스츄뤠'를 강조합니다.

대화로 기억하세요.

Short **Talks +**

1 **I'm with you** 저도 함께 하고 있어요 (따라가고 있어요)

A Let's move on to the next product. Are you with me?

B Yes, I'm with you. I'm all ears.

A 다음 제품으로 넘어가실까요? 잘 따라오고 있죠?

B 네, 같이 잘 보고 있습니다. 열심히 듣고 있어요.

2 **The numbers look strange** 숫자가 이상하네요

A As you see on the slide, from the third month on, a 20% discount is offered.

B The numbers look strange. Only 10% seems to have been applied.

A 장표에서 보시는 것처럼 3개월째부터 20% 할인을 드리고 있습니다.

B 숫자가 이상하네요. 10%만 적용된 것처럼 보이네요.

3 **need to be changed to sth** ~로 바뀌어야 한다

A In payment terms, the word 'weekly' needs to be changed to 'monthly'.

B This could have been a very expensive typo.

A 결제조건에서 '주간별'이라는 단어가 '월별'로 바뀌어야 할 것 같네요.

B 이거 정말 비싼 오타가 될 뻔했네요.

4 **Point well taken** 무슨 말씀인지 잘 알겠습니다(당신이 말하는 포인트를 잘 잡았습니다)

A I'd like to stress that our prices cannot be beaten anywhere in Korea.

B Point well taken. Can we get back to quality?

A 대한민국 어디를 가더라도 저희 가격을 이길 수 없다는 것을 강조하고 싶습니다.

B 무슨 말씀인지 잘 알겠습니다. 품질 얘기 다시 할 수 있을까요?

자주 쓰는 단어 **Voca**

row 행
slide 장표
typo 오타
stress 강조하다

040 | I'll pass you over. 바꿔드릴게요.

MP3 040

전화가 왔는데 영어를 잘 알아듣지 못하는 상황이 있죠. 이때 다른 사람을 바꿔주고 통화를 이어가도록 할 때 간단히 쓸 수 있는 표현입니다. 또는 상대방이 다른 사람을 찾을 때도 쓸 수 있습니다. 컨퍼런스 콜에서는 다음 사람에게 발언권을 넘길 때 써보세요.

A Hi there! [1] This is Harry from TheLove. Can I speak to Mr. Kim?

B Sorry? Excuse me, [2] my English isn't very good.

A I'm looking for Mr. Kim Jong Eun!

B Aha. He [3] is out for lunch.

A Is there anyone else who can help me?

B Oh... [4] I'll pass you over.

A 안녕하세요! 전 더럽사의 해리입니다. 김 본부장님과 통화할 수 있을까요?
B 네? 죄송한데, 제가 영어를 잘 못합니다.
A 김정은 본부장님 바꿔주세요!
B 아하. 점심 식사하러 나가셨어요.
A 거기에 저 도와주실 다른 분이 있을까요?
B 아…. 바꿔드릴게요.

더 다양하게 말하는 표현

Extras +

■ **통화 시 '바꿔주다', '연결해주다'의 다른 표현**

I'll put you through. 바꿔드릴게요.
I'll transfer your call. 바꿔드릴게요.
I'll connect your call to Customer Service. 고객서비스로 연결해드릴게요.

발음팁 [아일 **패**스 유 **오**우버] I'll **pa**ss you **o**ver.

'건네다' pass over가 중요하니 pass의 '패'와 over의 '오'를 강조합니다.

대화로 기억하세요.

Short **Talks +**

1

This is 이름 from 회사(부서) 전 ~의 누구입니다

A Beg your pardon? Who did you say you are?

B This is Jonzal from KingCa Industries.

A 다시 한번 말씀해 주시겠어요? 누구라고 하셨죠?

B 전 킹카산업의 존잘입니다.

2

My English isn't very good 전 영어를 잘 못 해요

A Uhm. My English isn't very good.

B Alright. I can slow down. Is Ms. Choi there?

A 음. 전 영어를 잘 못 해요.

B 그렇군요. 천천히 얘기할게요. 최부장님 계세요?

3

be out for sth ~하러 나가다

A Have you seen Mr. Choo?

B He is out for an executive meeting. Can you call again?

A 추차장님 보셨나요?

B 임원 회의하러 나가셨어요. 다시 전화주시겠어요?

4

I'll pass you over to sb ~를 바꿔드릴게요.

A Can we now talk about the product design?

B Yes. I'll pass you over to Hye-young. She works on design.

A 이제는 제품 디자인에 관해 얘기를 해볼까요?

B 네. 혜영 씨 바꿔드릴게요. 디자인 담당입니다.

자주 쓰는 단어 **Voca**

beg your pardon? 다시 한번 말씀해주시겠어요?

executive 임원

Review

한영 영어 말하기 036~040

앞에서 배운 문장을 말해보세요.

표시된 부분이 바로 떠오르지 않는다면 해당 부분으로 돌아가 패턴과 표현을 확인하세요.

01 여기 오셔서 좋은 시간 보내셨나요? 여러모로 만족하셨으면 좋겠네요. 036

02 맥주 한잔하러 옮기실까요? 맥주는 제가 쏠게요! 036

03 뼈 빠지게 일해야 합니다. 월요일에 보고가 있어서요. 037

04 이것은 저희가 할 일이 아니죠. 여유 인력이 전혀 없어요. 037

05 제 팀장님과 상의를 해봐야겠네요. 이따가 연락드리겠습니다. 038

06 비용 합계는 무료배송 포함해서 250파운드 되겠습니다. 038

07 대한민국 어디를 가더라도 저희 가격을 이길 수 없다는 것을 강조하고 싶습니다. 039

08 70행의 수치가 틀린 것 같은데요. 039

09 과장님 점심 식사하러 나가셨어요. 040

10 디자인 담당인 효정 씨 바꿔드릴게요. 040

영영 영어 말하기 036~040

왼쪽에서 복습한 문장을 영어로 완성해보세요.
문장을 완성하고 다시 한번 입을 열어 말해보세요.

01 Did you enjoy being here? Hope everything was ________ to your expectations.

02 Wanna go for another ________ of beer? Beer is ________ me!

03 I have to work my ________ off. I have a report ________ up on Monday.

04 This is not our job. We just cannot ________ any more staff.

05 I'll have to ________ ________ my team leader. Let me call you later.

06 Costs in total would be 250 pounds ________ free shipping.

07 I'd like to ________ that our prices cannot be ________ anywhere in Korea.

08 Figures on ________ 70 seem to be incorrect.

09 He is ________ for lunch.

10 I'll ________ you over to Hyo-jung who's working on design.

01 up 02 round, on 03 butt, coming 04 afford
05 discuss with 06 including 07 stress, beaten 08 row 09 out 10 pass

041 | We're making no progress.

MP3 041

진전이 없네요.

협상이나 회의 진행이 답보 상태에 있을 때 참석자들을 부드럽게 재촉하고자 상황을 다시 시작하는 말로 자주 쓰는 표현입니다.

A We can offer you [1] a free trial for 15 days.

B [2] We're making no progress here. The prices are still a bit too much.

A We believe our offers are better than our competitors'.

B It'd be great if we can agree on the 70,000 won level.

A Well, we're ready to [3] compromise a bit. We may go down to 75,000.

B [4] Can you try a little harder?

A 15일 무료 사용 기간을 제안드리고자 합니다.
B 여기서 진전이 없네요. 가격이 아직 좀 너무 센 것 같아요.
A 저희 제안이 경쟁사보다 우수하다고 생각합니다만.
B 7만 원 수준에서 협의하면 좋을 것 같습니다.
A 약간 양보를 하도록 하겠습니다. 7만 5천에 맞춰드리는 건 가능합니다.
B 조금만 더 깎아주실 수 있으신지요?

더 다양하게 말하는 표현

Extras +

■ 'we're making no progress.'와 유사한 표현
We're getting nowhere. 진전이 없네요.
We're not going anywhere. 진전이 없네요.

발음팁 [위어 메이킹 노우 프로그레스] We're making no progress.

no(없는)와 progress(진전)가 중요하니 no의 '노'와 progress의 '프로'를 강조합니다.

대화로 기억하세요.

Short **Talks +**

1 **free trial** 무료사용(체험)

A How long is the free trial period?

B It's 10 days long.

A 무료사용 기간이 어느 정도인가요?

B 10일 동안입니다.

2 **We're making no progress** 진전이 없네요

A What's the status in factory no.3?

B We're making no progress. It's because of the strike.

A 제3공장 현황이 어떤가요?

B 진전이 없네요. 파업 때문입니다.

3 **compromise** 양보하다

A We should both compromise. Otherwise, the deal has to be canceled.

B I agree. Let's take a 10-minute break first.

A 저희 양측 다 양보를 해야 합니다. 그렇지 않으면 거래를 취소할 수밖에 없습니다.

B 맞습니다. 일단 10분간 쉬시죠.

4 **Can you try a little harder?** 조금 더 신경 써(깎아) 주실 수 있으세요?

A Can we agree at 56,000 dollars?

B Can you try a little harder? An extra 1,000 units for free, agreed?

A 56,000달러에 합의할 수 있을까요?

B 조금 더 신경 써 주실 수 있으세요? 추가로 1,000개 서비스 주시는 거 괜찮죠?

자주 쓰는 단어 **Voca**

trial 시도, 실험

strike 파업

compromise 양보하다

042 | We'll wait and see. 두고 봐야 할 것 같아요.

MP3 042

당장 결정을 내리기는 어렵고 두고 볼 필요가 있을 때 하는 표현입니다. '잠시 상황을 지켜보시죠'와 비슷한 의미입니다.

A [1] How much is the inventory as of September 30th?

B We have about 2,000 items in the warehouse.

A The final purchase order [2] should be here by now.

B You're right. [3] I don't understand what keeps them from confirming.

A Did you talk to the customer about this?

B I even spoke to them today. [4] We'll wait and see. There's nothing we can do at the moment.

A 9월 말일자 현재 재고가 얼마인가요?
B 창고에 약 2,000개의 품목이 있어요.
A 최종 주문서가 현재는 여기 와 있어야 하는데요.
B 맞습니다. 거기서 왜 계속 최종 확인을 안 해주는지 이해가 안 돼요.
A 고객한테 이에 관해 얘기해보았나요?
B 심지어 오늘 통화도 했습니다. 두고 봐야 할 것 같아요. 현재로서는 할 수 있는 게 없네요.

더 다양하게 말하는 표현

Extras +

■ **'계속 지켜보겠다'는 의미의 표현**
We'll keep watching. 지켜보도록 하겠습니다.
We'll keep an eye on it. 유심히 지켜보도록 하겠습니다.

□ **as of+시점**
'~일자로'라는 의미로, 특정한 시점을 명확히 하고자 할 때 쓴다. 이를테면 매년 말일인 연말결산일을 말할 때 '12월 31일부로'를 as of 31 December라고 말한다.

● **재고**
'재고'는 영어로 inventory, stock(주식), store(상점) 등의 단어로 표현할 수 있다.

발음팁 [월 웨잍 앤ㄷ 씨] We'll wait and see.

'두고 보다'라는 뜻의 wait and see가 중요하니 wait의 '웨' 와 see의 '씨'를 강조합니다.

대화로 기억하세요.

Short **Talks +**

1 **How much is sth as of+시점?** ~ 현재 …가 얼마인가요?

A How much is our AR as of December 31?

B It's roughly 200 million won.

A 12월 말일 현재 저희 외상 매출금이 얼마인가요?

B 대략 2억 원입니다.

2 **sth should be here by now**

~가 현재는 여기 와 있어야 한다

A You should be here by now. Where are you at?

B I'm stuck in traffic.

A 지금 여기 와 계셔야 하는데요. 어디 있는 거예요?

B 길이 막혀 도로에 갇혀 있어요.

3 **I don't understand what keeps sb from+동명사**

~가 왜 …를 안 해주는지 이해가 안 됩니다

A I don't understand what keeps them from paying.

B They claim to be busy due to the monthly closing.

A 그들이 왜 지급을 안 해주는지 이해가 안 됩니다.

B 월말 결산 때문에 바쁘다고 하네요.

4 **We'll wait and see** 두고 봐야 할 것 같아요

A Will the stock price increase?

B We'll wait and see. At least for another two weeks.

A 주가가 상승할까요?

B 두고 봐야 할 것 같아요. 최소 향후 2주 동안은요.

자주 쓰는 단어 **Voca**

AR(accounts receivable) 외상 매출금

roughly 대략

claim 주장하다

monthly closing 월말 결산

stock price 주가

043 | Go on. I'm listening. 계속하시죠. 듣고 있어요.

MP3 043

상대방이 말하는 도중 주변을 의식해서 머뭇거리거나 눈치를 보는 것 같을 때 이렇게 말해보세요. 집중해서 잘 듣고 있다고 알려주어 상대방의 긴장을 풀어주고 원만한 회의를 이끌어갈 수 있습니다. 앞에서 배운 That sounds interesting. Can you continue?와 함께 회의 중에 쓸 수 있는 좋은 추임새 표현입니다.

A **What about the graph [1] on the right?**

B **Oh, that one. [2] The horizontal axis shows you every month of last year.**

A **Alright. Go on. I'm listening.**

B **[3] The vertical axis represents the amount of sales.**

A **Are they in [4] thousands?**

B **No, they are in million units.**

A 오른쪽 그래프는 무슨 내용인가요?
B 아 저거요. X축은 작년의 각 월을 보여주고 있습니다.
A 그렇군요. 계속하시죠. 듣고 있어요.
B Y축은 매출 금액을 나타냅니다.
A 천 단위인가요?
B 아뇨, 백만 단위입니다.

더 다양하게 말하는 표현

Extras +

■ **듣고 있다고 나타내는 추가 표현**
I'm all ears. 듣고 있어요.(경청하고 있어요.)

□ **thousands**
'천 단위'를 뜻하는 thousands는 thousand units를 줄여서 쓰는 말이다. 비즈니스 상황에서는 상호가 알고 있는 내용은 줄여서 말하는 경우가 많다.

● **axis(축)**
x-axis(horizontal axis) 수평축, x축
y-axis(vertical axis) 수직축, y축

발음팁 [고우 온 아임 리쓰닝] Go on. I'm listening.
동사 go와 listening이 중요하니 go의 '고'와 listening의 '리'를 강조합니다.

대화로 기억하세요.

Short **Talks +**

1 **on the right(left)** 오른(왼)쪽

A Can you pull over on the left?

B Okay. Watch out for motorbikes when you get out.

A 왼쪽에 세워주시겠어요?

B 네. 내릴 때 오토바이 조심하세요.

2 **The horizontal axis shows you sth** 수평(X)축은 ~를 보여주고 있습니다.

A The x-axis shows you the last 5 years.

B What about the years before that? We need more history.

A X축은 지난 5년을 보여주고 있습니다.

B 그 이전 연도는 어떤가요? 이력이 더 필요합니다.

3 **The vertical axis represents sth** 수직(Y)축은 ~를 나타냅니다.

A What does the vertical axis mean?

B The y-axis represents the number of units sold.

A Y축은 무엇을 나타내나요?

B Y축은 판매된 개수를 나타냅니다.

4 **thousands(millions)** 천(백만) 단위

A Can you change the numbers to thousands?

B Oh, I forgot. If they stayed in millions, it'd be a huge mistake.

A 숫자들을 천 단위로 바꿔주시겠어요?

B 아, 깜빡했네요. 백만 단위인 상태로 놔뒀더라면 큰 실수가 될 뻔했네요.

자주 쓰는 단어 **Voca**

pull over 차를 대다, 정차하다
motorbike 오토바이
history 역사, 이력
to thousands 천 단위로
in millions 백만 단위인

044 | Could you please repeat?

MP3 044

다시 말씀해주시겠어요?

Say that again?보다 공손한 표현입니다. Pardon?은 자칫 무례하게 들릴 수 있으니 주의하세요.

A Can you call me sometime in the morning? We need to continue our discussion.

A [1] Could you please repeat? Sorry.

B I said, can you call me sometime in the morning so we can continue our discussion.

A Oh, yes, of course. [2] I'll try ringing at 9. Will you be in the office that early?

B Hmm, at nine I might still be in my car. [3] The traffic is quite bad at this time of the year.

A Okay, I'll call around 10. [4] Speak to you then.

A 오전 언제 저한테 전화주시겠어요? 의논하던 거 계속하셔야죠.
B 다시 말씀해주시겠어요? 죄송해요.
A 의논하던 거 계속하기 위해 오전 언제 저한테 전화 좀 달라고요.
B 아 네 물론이죠. 9시에 전화드릴 수 있도록 해볼게요. 그렇게 일찍 사무실에 나와 계실 건가요?
A 흠. 9시에 전 아직 제 차에 있을 것 같군요. 연중 이맘때는 차가 많이 막혀서요.
B 알겠습니다. 10시경 전화드릴게요. 그때 말씀 나누시죠.

더 다양하게 말하는 표현

Extras +

■ **상대방이 하는 말이 잘 안 들릴 때 할 수 있는 표현**

I can't hear you. 잘 안 들려요.
Could you speak louder? 조금만 크게 말씀해주시겠어요?
Could you speak slower? 조금만 천천히 말씀해주시겠어요?

발음팁 [쿠쥬 플리즈 뤼피잍?] Could you please repeat?

repeat(반복하다)이 중요하니 '피'를 강조합니다. repeat의 끝의 t는 거의 안 들리게 발음하세요.

대화로 기억하세요.

Short **Talks +**

1 **Could you please repeat?** 다시 말씀해주시겠어요?

A Today's agenda includes sales promotion, customer analysis, and market survey.

B Could you please repeat?

A 오늘 다룰 주제에는 판매촉진, 고객분석 및 시장조사가 있습니다.

B 다시 말씀해주시겠어요?

2 **I'll try+동명사** ~할 수 있도록 해볼게요

A Your mail is still not coming in.

B I'll try using a memory stick.

A 보내신 메일이 아직 안 오는데요.

B USB를 사용할 수 있도록 해볼게요.

3 **The traffic is bad** 차가 막혀요

A Is John not here yet? Oh, there you were.

B Sorry for being late. The traffic was bad.

A 존 아직 안 왔나요? 아 저기 있었군요.

B 늦어서 죄송합니다. 차가 막혀서요.

4 **Speak to you then** 그때 말씀 나누시죠

A Can you ring me tomorrow?

B Sure. Speak to you then!

A 내일 전화 주실 수 있으세요?

B 물론이죠. 그때 말씀 나누시죠!

자주 쓰는 단어 **Voca**

discussion 의논, 상의
promotion 촉진, 행사
analysis 분석
memory stick 유에스비(USB)
ring sb ~에게 전화하다

045 | We're low on budget. 예산이 모자라요.

MP3 045

책정된 예산을 이미 많이 쓴 상태라서 더 이상 예산에 여유가 없을 때 하는 표현입니다. '돈이 쪼들려요', '살림이 빠듯해요'의 의미로도 쓸 수 있습니다.

A We need at least a 5% increase in fees.

B I know you've been doing a great job. But, [1] I cannot agree to what you insist.

A How come?

B I'm afraid all service fees are frozen this year. [2] It was the decision of the top management.

A [3] Could you kindly consider giving us a raise, [4] by any means?

B Sorry. **We're low on budget.**

A 수수료 최소 5% 인상이 필요합니다.
B 현재까지 업무를 아주 잘 수행해 오신 것으로 알고 있습니다. 그러나 주장하시는 점에 동의하기 어렵습니다.
A 왜 그런가요?
B 안타깝게도 올해 모든 용역수수료가 동결되었습니다. 최고경영진 결정사항입니다.
A 어떻게 해서라도 저희에게 수수료 인상해주시는 것을 고려해보실 수 있으신지요?
B 죄송합니다. 예산이 모자라요.

더 다양하게 말하는 표현

Extras +

■ **예산이 모자란 경우 쓰는 표현**

We're short of budget. 예산이 모자라요.
We're on a tight budget. 예산이 빠듯해요.
Annual salary has been frozen this year. 연봉이 올해 동결되었습니다.

발음팁 [위어 로우 온 버짓] We're low on budget.
low(낮은)와 budget(예산)이 중요하니 low의 '로'와 budget의 '버'를 강조합니다.

대화로 기억하세요.

Short **Talks +**

1 **I cannot agree to sth** ~에 동의할 수 없습니다

A I cannot agree to the proposed fee.

B We have to put in many hours to get the job done.

A 제안하신 수수료에 동의할 수 없습니다.

B 업무를 완수하기 위해 많은 시간을 투입해야만 합니다.

2 **It was the decision of sb** ~의 결정사항입니다

A I have no clue why this needs to be done.

B Just do it. It was the decision of the CEO.

A 이것을 왜 해야 하는지 갈피를 잡을 수가 없네요.

B 그냥 하세요. 회장님의 결정사항입니다.

3 **Could you kindly consider+(동)명사?**
~를 고려해보실 수 있으신지요?

A Could you kindly consider not returning our goods?

B That's not gonna work. Sorry.

A 저희 물건 반품 안 하는 것을 고려해보실 수 있으신지요?

B 안 되겠는데요. 죄송해요.

4 **by any means** 어떻게 해서라도 / 무슨 수를 쓰더라도

A What is the no. 1 issue?

B We have to find a way to stop this strike, by any means.

A 최우선 이슈가 무엇인가요?

B 이 파업을 끝낼 방법을 반드시 찾아야 합니다. 무슨 수를 쓰더라도.

자주 쓰는 단어 **Voca**

freeze (수수료, 급여 등을) 동결하다
top management 최고경영진
CEO(Chief Executive Officer) 최고경영자
gonna going to의 줄임말
strike 파업

Review

한영 영어 말하기 041~045

앞에서 배운 문장을 말해보세요.
표시된 부분이 바로 떠오르지 않는다면 해당 부분으로 돌아가 패턴과 표현을 확인하세요.

01 저희 제안이 경쟁사들 것보다 우수하다고 믿고 있습니다. 041

02 저희 양측 다 양보를 해야 합니다. 그렇지 않으면 거래를 취소할 수 밖에 없습니다. 041

03 거기서 왜 계속 최종 확인을 안 해주는지 이해가 안 되네요. 042

04 그들은 월말 결산 때문에 바쁘다고 주장합니다. 042

05 Y축은 매출 금액을 나타냅니다. 043

06 숫자들을 백만 단위에서 천 단위로 바꿔주시겠어요? 043

07 다시 말씀해 주시겠어요? 044

08 연중 이맘때는 차가 많이 막힙니다. 044

09 현재까지 업무를 아주 잘 수행해 오신 것으로 알고 있습니다. 그러나 주장하시는 점에 동의하기 어렵습니다. 045

10 안타깝게도 올해 모든 용역수수료가 동결되었습니다. 최고경영진 결정사항입니다. 045

영영 영어 말하기 041~045

왼쪽에서 복습한 문장을 영어로 완성해보세요.
문장을 완성하고 다시 한번 입을 열어 말해보세요.

01 We believe our offers are better than our ________.

02 We should both ________. ________ the deal has to be cancelled.

03 I don't understand what ________ them from ________.

04 They ________ to be busy due to the monthly ________.

05 The ________ axis ________ the amount of sales.

06 Can you change the numbers from ________ to ________?

07 Could you please ________?

08 The traffic is quite ________ at this time of the year.

09 I know you've been doing a ________ job. But, I cannot agree to what you ________.

10 I'm afraid all service fees are ________ this year. It was the decision of the top ________.

01 competitors' 02 compromise, Otherwise 03 keeps, confirming 04 claim, closing
05 vertical(y-), represents 06 millions, thousands 07 repeat 08 bad 09 great, insist 10 frozen, management

046 | What are the conditions?

MP3 046

조건이 어떻게 되나요?

협상할 때 구매자 입장에서 판매자에게 조건이 어떻게 되는지 바로 질문하는 표현입니다. 반대로 구매자가 판매자에게 대량주문 같은 특별한 제안을 한다면, 판매자 쪽에서 구매자에게 결제 방식 등을 물어볼 때도 쓸 수도 있습니다.

A [1] Attached is our proposal on the new partnership.

B Okay. **What are the conditions?**

A Basically, we're [2] asking for a 30% sales commission.

B I just can't manage that. [3] It's miles off our budget.

A What percentage would you be interested in?

B We are thinking [4] around the 20% mark.

A 별첨한 것은 새로운 파트너십 관련 제안서입니다.
B 네. 조건이 어떻게 되나요?
A 기본적으로 30% 판매 수수료를 요청드리고자 합니다.
B 결코 그렇게는 해드릴 수 없어요. 저희 예산에서 한참 벗어납니다.
A 몇 퍼센트 정도가 괜찮을까요?
B 약 20% 수준을 생각하고 있습니다.

더 다양하게 말하는 표현

Extras +

■ **첨부 파일 확인 관련 추가 표현**
Please find the attached 첨부파일 확인 부탁드립니다.〈메일에서 자주 쓰는 표현〉

□ **miles off**
miles off는 '(수 마일에 걸칠 정도로) 한참 벗어난'이라는 뜻이다. 불가능하다는 표현으로 비즈니스 상황에서 자주 쓴다.

● **mark**
mark는 '수준', '정도'를 뜻하는데, 비즈니스 현장에서 level이나 degree보다 많이 쓴다.

○ **마감, 결산(closing)의 종류**
daily closing 일 마감
monthly closing 월 마감, 월결산
quarterly closing 분기 마감, 분기 결산
annual closing 연말 결산

발음팁 [웟 아아 더 컨디션즈?] What are the conditions?

의문사 what(무엇)과 condition(조건)이 중요하니 what의 '웟'과 condition의 '디'를 강조합니다.

대화로 기억하세요.

Short **Talks +**

1 **Attached is sth** 별첨한 것은 ~입니다

A Attached are the details of the consumer analysis.

B Nice one. Can you print it out?

A 별첨한 것은 고객분석의 상세내역입니다.
B 아주 좋아요. 출력해주시겠어요?

2 **ask for sth** ~를 요청하다

A The suppliers are asking for their payment.

B Oh, it's the closing day today!

A 공급업체에서 대금 지급을 요청하고 있네요.
B 아, 오늘이 마감일이었죠!

3 **It's off our budget** 예산에서 벗어납니다

A We can do this at a price of 9,000 dollars.

B It's off our budget. We can afford 4,000, at best.

A 9,000달러면 이걸 할 수 있어요.
B 예산에서 벗어납니다. 저희는 잘해야 4,000까지만 드릴 수 있어요.

4 **around the+수치+mark** 약 ~ 수준

A The average market price is around the 300 mark.

B That's why we want to buy it at 250 from you.

A 평균 시장가격은 약 300 수준입니다.
B 귀사로부터 250에 구매했으면 하는 이유가 바로 그거예요.

자주 쓰는 단어 **Voca**

sales commission 판매 수수료
analysis 분석
closing 마감
at best 잘해봐야
average market price 평균 시장가격

047 | Our offer includes maintenance.

MP3 047

저희 제안은 유지보수를 포함하고 있습니다.

제품을 판매하는 쪽에서 제품의 유지보수까지 제공하는 제안은 상대에게 매력적으로 들립니다. 이렇게 부가적인 조건을 설명할 때 include를 써서 말합니다.

A [1] I'm still struggling as to why we should buy this.

B [2] I'd like to add something here.

A What is it?

B [3] Our offer includes maintenance.

A Yeah, but that's for one month only. [4] Not much of it looks necessary at this stage.

B We can make that period a little longer.

A 이것을 왜 구입해야 하는지 아직도 전 이해가 안 되네요(모르겠네요).
B 여기서 추가적으로 말씀드릴 것이 있어요.
A 그게 뭐죠?
B 저희 제안은 유지보수를 포함하고 있습니다.
A 네. 하지만 겨우 한 달밖에 안 돼요. 이 단계에서 그건 그다지 필요해 보이지 않습니다.
B 기간을 약간 늘릴 수 있습니다.

더 다양하게 말하는 표현

Extras +

■ **고객에게 제안할 때 쓰는 표현**
We can offer installation for free. 설치는 서비스해드릴 수 있어요.
We may loosen the payment terms. 결제조건을 여유 있게 늦춰드릴 수 있습니다.
We can offer maintenance at a bargain price. 싼 가격에 유지보수 해드릴 수 있어요.

발음팁 [아우어 오퍼 인클루즈 메인터넌스] Our offer includes maintenance.

'유지보수'를 뜻하는 maintenance가 가장 중요한 단어겠죠? maintenacne의 '메'를 강조합니다. 제안을 의미하는 offer의 '오'도 살짝 강조해주는 것이 발음 리듬상 좋습니다.

대화로 기억하세요.

Short **Talks +**

1 **I'm struggling** 저 힘들어요(고군분투 중이에요)

A How's it going? Anything new in life?

B Not really. I'm struggling to make ends meet.

A 잘 지내세요? 새로운 일 있으세요?

B 아뇨. 그다지. 겨우 먹고 사느라 힘드네요.

2 **I'd like to add something** 추가로 말씀드릴 것이 있어요

A I'd like to add something. We are moving fast to the number 1 spot.

B Where do you rank in terms of sales?

A 추가로 말씀드릴 것이 있어요. 저희는 1위 자리를 향해 빠르게 달려가고 있습니다.

B 매출에 있어서는 현재 몇 위예요?

3 **Our offer includes sth** 저희 제안은 ~를 포함하고 있습니다

A Our offer includes free installation.

B I know. But, it's still too expensive.

A 저희 제안은 무료 설치를 포함하고 있어요.

B 알고 있어요. 그러나 여전히 너무 비쌉니다.

4 **Not much of it looks necessary**
그것은 그다지 필요해 보이지 않습니다

A Do we need the repair?

B Let's just leave it. Not much of it looks necessary.

A 수리를 해야 할까요?

B 그냥 두시죠. 그다지 필요해 보이지 않네요.

자주 쓰는 단어 **Voca**

maintenance 유지보수
installation 설치
loosen 느슨하게 하다, 늦추다
make ends meet 겨우 먹고 살다(수입과 지출을 맞추다)
rank 순위를 차지하다
in terms of ~에 있어서

048 | Why did costs increase?

MP3 048

비용이 왜 증가했나요?

청구서 수령 시, 성과측정 시, 실적보고 시 등에 쓰는 대표적인 표현입니다. 비용이 증가한다는 것은 돈이 불필요하게 새어나갈 가능성도 증가한다는 것이므로 이에 대한 이유를 파악해야겠죠.

A What's the matter? What are you upset about?

B Regarding the invoice from Makman Company, [1] why did costs increase?

A The shipping costs increased significantly. [2] They claimed that PeDex, the shipping company, [3] charged them a higher rate.

A That's weird. [4] Can you confirm with PeDex about it?

B I'll look up the rates.

A Okay. We need to make sure the rates are correct.

A 무슨 일인가요? 무엇 때문에 기분이 안 좋으신지요?

B 막만사로부터 온 계산서 관련해서요, 비용이 왜 증가했나요?

A 운송료가 크게 늘었습니다. 그쪽에서 주장하기를 운송업체인 페덱스가 높은 요율을 청구했다고 하네요.

B 이상하군요. 페덱스랑 확인해보시겠어요?

A 요율 조회를 해보도록 하겠습니다.

B 네. 요율이 맞는지 확실하게 할 필요가 있어요.

더 다양하게 말하는 표현

Extras +

■ **실적 보고, 성과측정 상황에서 자주 쓰는 표현**

Why did costs rise? 비용이 왜 증가했나요?

Why did costs go up? 비용이 왜 증가했나요?

Why did sales decrease? 매출이 왜 감소했나요?

발음팁 [와이 디드 카스트스 인크뤼즈?] Why did costs increase?

costs(비용)와 increase(증가하다)가 중요하니 costs의 '카'와 increase의 '뤼'를 강조합니다.

대화로 기억하세요.

Short **Talks +**

1 **Why did costs increase?** 비용이 왜 증가했나요?

A Why did costs increase?

B We bought a lot of inventory.

A 비용이 왜 증가했나요?

B 많은 재고를 구매했기 때문입니다.

2 **They claimed that+사실** 그들이 주장하기를 ~라고 하네요

A What was the customer complaint about?

B They claimed that they received less than what they ordered.

A 고객 불만의 내용이 무엇이었나요?

B 고객이 주장하기를 주문한 것보다 적게 받았다고 합니다.

3 **charge sb sth** ~에게 ~를 청구하다

A We are charging you $4,800 this month.

B Can you send us the details?

A 이번 달 귀사에 4,800달러를 청구하도록 하겠습니다.

B 내역을 보내주시겠어요?

4 **Can you confirm with sb?** ~와 확인해 보시겠어요?

A I'm not sure where the meeting is at.

B Can you confirm with Ji-eun, the secretary?

A 회의를 어디서 하는지 확실하지가 않아요.

B 비서인 지은 씨와 확인해보시겠어요?

자주 쓰는 단어 **Voca**

significantly 상당히 크게, 중요하게
claim 주장하다
shipping cost(company) 운송료(업체)
rate 요율
complaint 불만
secretary 비서

049 | Is there something wrong?

MP3 049

이상한 거 있어요?

회의나 대화 도중에 상대방이 미심쩍어하는 표정을 지을 때가 있습니다. 비즈니스 상황에서는 대화의 흐름이 잘못되기 시작하면 다른 결과를 초래할 수 있기 때문에 왜 그런지 확인하는 편이 낫습니다. 이 때 쓸 수 있는 표현입니다.

A **What's the matter? Is there something wrong?**

B **This cable does not [1]fit into my laptop.**

A **Let me try. It fits into mine. Let's just use mine then.**

B **And where can I find the light switch?**

A **[2]It's right up here. Why?**

B **Could you [3]darken the lights? [4]I can hardly see at the back.**

A 무슨 일인가요? 이상한 거 있어요?

B 이 케이블이 제 노트북에 안 맞아요.

A 제가 해볼게요. 제 것에는 들어가네요. 그렇다면 제 노트북 사용하도록 할게요.

B 그리고 전등 스위치가 어디 있나요?

A 바로 여기 있는데요. 왜요?

B 조명을 더 어둡게 해주실 수 있나요? 뒤에서 잘 안 보여요.

더 다양하게 말하는 표현

Extras +

■ **wrong을 활용한 표현**

What is wrong? 뭐가 문제죠?
Has something gone wrong? 뭔가가 잘못됐어요?
What is wrong with you? 일 똑바로 안 할래요?〈매우 화를 내는 상황에 쓰는 표현〉

□ **노트북 컴퓨터 laptop vs. notebook**

랩톱은 큰 것, 노트북은 작은 것으로 생각하는 사람들이 많은데, laptop은 laptop computer를, notebook은 notebook computer를 줄여서 부르는 말이다. 이는 제조업체가 붙인 이름이 다를 뿐 사실상 같은 것이다. 한국어에서는 대부분 '노트북'이라고 부르는데, 영어에서는 laptop을 더 흔하게 쓴다.

발음팁 [이즈 데어 섬씽 **뤙**] Is there something wrong?

wrong(잘못된)이 중요하니 wrong의 '뤙'을 강조합니다.

대화로 기억하세요.

Short **Talks +**

1 **fit into sth** ~에 (들어)맞다

A I don't think this key fits into the lock.

B Let's call a locksmith.

A 이 열쇠가 자물쇠에 맞지 않는 것 같아요.

B 열쇠수리공을 부르죠.

2 **It's right up here** 바로 여기 있는데요

A Have you seen my mouse?

B It's right up here. Behind you.

A 제 마우스 보셨어요?

B 바로 여기 있어요. 대리님 뒤에요.

3 **darken(brighten) the lights** 조명을 어둡게(밝게) 하다

A Don't you think it's too dark in here?

B Oh, let me brighten the lights.

A 여기 너무 어두운 것 같지 않아요?

B 아, 조명을 밝게 할게요.

4 **I can hardly see** 잘 안 보여요

A Excuse me, I can hardly see.

B Can you come closer to the front?

A 잠시만요. 잘 안 보여요.

B 앞쪽으로 가까이 오시겠어요?

자주 쓰는 단어 **Voca**

lock 자물쇠
locksmith 열쇠수리공
darken 어둡게 하다
brighten 밝게 하다
hardly 거의 ~아니다(없다)
closer 가까이

050 | The price is fixed. 가격이 확정됐어요.

MP3 050

협의, 협상 등을 통해 가격이 확정되고 변동의 여지가 없을 때 이를 알리는 표현입니다. fix는 비즈니스 상황에서 '(금액 등)을 결정하다, 정하다', '(회의나 자리 등)을 주선하다, 준비하다'라는 의미로 주로 씁니다. 기본 의미인 '고치다'와 비슷하게 '(문제 등)을해결하다, 처리하다'의 의미도 있습니다.

A **The price is now agreed at 9.7 dollars a unit.**

B **So, [1] the price is fixed, right? [2] I'd better leave now.**

A **Where are you going? [3] You'd rather stay.**

B **[4] I have another meeting. Sorry. See you later.**

A **I'll share the minutes of this call.**

B **Nice one. Thanks.**

A 가격이 개당 9.7달러에 이제 협의가 이루어졌습니다.
B 그래서 가격이 확정됐다는 거죠? 전 이만 가봐야겠어요.
A 어디 가세요? 계속 계시는 게 좋을 것 같은데요.
B 다른 회의가 있어서요. 미안합니다. 나중에 봬요.
A 이번 전화 회의록 공유하도록 할게요.
B 좋아요. 감사합니다.

더 다양하게 말하는 표현

Extras +

■ **가격에 관한 표현**
It's the final price. 이게 최종가격이에요.
The price is subject to change. 가격은 변동 가능합니다.

□ **회의 중 자주 쓰는 표현**
I'm leaving. 저는 가볼게요.
I have to take this call. 이 전화 꼭 받아야 돼요.

● **minute의 여러 뜻**
1) minute
[미닡] '분', '짧은 시간'으로 우리가 흔히 '저스트 어 미닛' 할 때 알고 있는 '미닛'이다.

발음팁 [더 프롸이스 이ㅈ 픽스ㄷ] The price is fixed.

fixed(확정된)가 중요하니 fixed의 '픽'을 강조합니다. 다른 게 아닌 가격이 확정됐다라고 강조하는 경우에는 price(가격)의 '프롸'를 강조할 수도 있습니다.

대화로 기억하세요.

Short **Talks +**

1 **the price is fixed** 가격이 확정되다

A Can you do an additional discount?

B Sorry. The price is already fixed at 50,000 euros.

A 추가 할인이 가능할까요?

B 아뇨. 가격이 이미 5만 유로로 확정되었습니다.

2 **had better+동사원형** ~하는 게 좋겠다

A It's nearly midnight.

B You'd better go home now before the subway stops.

A 자정이 다 됐어요.

B 지금 집에 가시는 게 좋겠습니다. 지하철 끊기기 전에요.

3 **would rather+동사원형** ~하는 것이 더 나을(좋을) 것이다

A Anything to drink? Soju or beer?

B Hmm. I'd rather go with soju than beer. Beer makes me full.

A 마실 거 드릴까요? 소주 혹은 맥주?

B 흠. 맥주보다 소주 먹는 게 낫겠어요. 맥주 먹으면 배불러서요.

4 **I have another meeting** 다른 회의가 있어서요

A Sorry to cut in, but I have another meeting.

B Okay. Be sure to catch up, though.

A 말씀 도중 죄송한데요. 저 다른 회의가 있어서요.

B 알겠습니다. 내용은 꼭 따라와 주셔야 해요.

2) the minutes
[더 미니ㅊ] '의사록', '회의록'을 뜻하는 말로 항상 복수형으로 쓰며 반드시 the를 붙인다.

3) 미세한(=tiny)
[마이뉴트] in minute detail이라고 하면 '아주 미세하게 세부적으로'라는 뜻이다.

fixed 고정된, 확정된
the minutes 회의록
additional 추가의
full 배부른
cut in 얘기 도중 끼어들다
catch up 따라잡다

Review

한영 영어 말하기 046~050

앞에서 배운 문장을 말해보세요.
표시된 부분이 바로 떠오르지 않는다면 해당 부분으로 돌아가 패턴과 표현을 확인하세요.

01 평균 시장가격은 약 300 수준입니다. 046

02 결코 그렇게는 해드릴 수 없어요. 저희 예산에서 한참 벗어납니다. 046

03 겨우 먹고 사느라 힘드네요. 047

04 매출에 있어서 현재 몇 위에요? 047

05 이상하네요. 페덱스랑 확인해 보시겠어요? 048

06 고객이 주장하기를 주문한 것보다 적게 받았다고 합니다. 048

07 이 케이블이 제 노트북에 안 맞아요. 049

08 조명을 더 어둡게 해주실 수 있나요? 뒤에서 잘 안 보이네요. 049

09 소주 먹는 게 맥주보다 나을 것 같아요. 맥주 먹으면 배불러서요. 050

10 지금 집에 가시는 게 좋겠습니다. 지하철 끊기기 전에요. 050

영영 영어 말하기 046~059

왼쪽에서 복습한 문장을 영어로 완성해보세요.
문장을 완성하고 다시 한번 입을 열어 말해보세요.

01 The average market price is around the 300 ________.

02 I just can't manage that. It's ________ off our budget.

03 I'm struggling to ________ ends meet.

04 Where do you ________ in terms of sales?

05 That's weird. Can you confirm ________ PeDex about it?

06 The customer claimed that they received less ________ what they ordered.

07 This cable does not ________ ________ my laptop.

08 Could you ________ the lights? I can ________ see at the back.

09 I'd ________ go with soju than beer. Beer makes me ________.

10 You ________ better go home now before the subway stops.

01 mark 02 miles 03 make 04 rank
05 with 06 than 07 fit into 08 darken, hardly 09 rather, full 10 had

051 | Shall we order food? 식사 시킬까요?

MP3 051

업무가 바쁠 때는 사무실로 식사를 시켜서 먹는 경우도 많죠. 그럴 때 이렇게 말합니다. 반대로 나가서 먹고 싶을 때는 Shall we go outside(eat out)?(밖에 나가서 먹을까요?)라고 합니다.

A **Are you hungry? It's nearly 12.**

B **We don't have much time for lunch.**

A [1] **Shall we order food?** [2] **There's a video conference with the HQ at 2 PM.**

B **That's a great idea. We need to go over the agenda before the meeting.**

A [3] **What if we go with fried chicken?**

B **What?** [4] **Don't you think that's too greasy for lunch?**

A 출출하시죠? 12시가 다 됐어요.
B 점심 먹을 시간이 별로 없네요.
A 식사시킬까요? 2시에 본사와 화상회의가 있어요.
B 좋은 생각입니다. 회의 전 자료를 검토해봐야겠어요.
A 치킨으로 하는 게 어떨까요?
B 네? 점심으로는 너무 느끼하지 않아요?

더 다양하게 말하는 표현

Extras +

■ **식사 관련 추가 표현**
Want to order Chinese food? 중국 음식 시키고 싶으세요?

□ **기름진 oily vs. greasy**
oily는 '기름기가 있는'이라는 의미다. 느끼한 음식을 먹어서 속이 더부룩할 때의 그 '느끼한' 느낌은 greasy다. greasy는 oily보다 더 강한 어감이 있어서 '기름투성이인'의 뉘앙스에 가깝다.

발음팁 [샬위 오더 푸우드?] Shall we order food?

order(시키다)와 food(음식)가 중요하니 order의 '오'와 food의 '푸'를 강조합니다.

대화로 기억하세요.

Short **Talks +**

1 **Shall we order food?** 식사 시킬까요?

A Shall we order food? I'm starving.

B Yeah. Let's have some Chinese. I'm in the mood for sweet and sour pork.

A 식사 시킬까요? 배가 너무 고파요.

B 네. 중국 음식 시킵시다. 탕수육이 당기네요.

2 **There's a video conference with sb** ~와 화상회의가 있어요

A There's a video conference with the Singapore Office. You'd better hurry.

B Sure. I'll be in the room in 5 minutes.

A 싱가폴 사무실과 화상회의가 있어요. 서두르는 게 좋겠습니다.

B 알겠습니다. 5분 후 회의실로 갈게요.

3 **What if we go with sth?** ~로 하는 게 어떨까요?

A Any ideas for the next workshop?

B What if we go with bowling instead of mountain hiking?

A 다음 워크샵 관련 아이디어 있으세요?

B 등산 대신 볼링으로 하는 게 어떨까요?

4 **Don't you think that's too+형용사?** 너무 ~한 게 아닐까요?

A How do I look?

B Don't you think that's too big for you? Try one smaller.

A 저 어때 보여요?

B 사이즈가 너무 큰 게 아닐까요? 작은 거로 입어보세요.

자주 쓰는 단어 **Voca**

starve 굶주리다
sweet and sour pork 탕수육
be in the mood for sth ~(음식)이 당기다
HQ(headquarters) 본사
mountain hiking 등산(mountain climbing은 전문적인 장비를 착용한 후에 하는 '산악 등반'. 즉, 우리가 흔히 취미로 하는 등산은 mountain hiking이라고 한다.)

052 | Call me Mr. Lee. '미스터 리'라고 불러주세요.

MP3 052

처음 만나는 자리에서 상대방에게 나를 쉽게 불러 달라고 먼저 이렇게 말할 수 있습니다. 영어 이름이 있다면 영어 이름을 말해주는 것도 좋습니다. 이때도, Call me Kevin.(케빈이라고 불러주세요)라고 하면 됩니다.

A **My name is Chung-Heum Lee. I've heard a lot about you.**

B **I'm Christy Jones. Glad to meet you at last.**

A **Please [1] come on in and [2] take a seat.**

B **Thanks, very nice of you. [3] What was your name again?**

A **It's Chung-Heum Lee. [4] Call me Mr. Lee. That'd be fine.**

B **Okay, Mr. Lee. Do you have coffee?**

A 제 이름은 이청흠입니다. 말씀 많이 들었어요.
B 저는 크리스티 존스예요. 드디어 만나게 되어 반갑습니다.
A 들어와서 앉으세요.
B 대단히 감사합니다. 성함이 뭐라고 하셨죠?
A 이청흠입니다. '미스터 리'라고 불러주세요. 괜찮습니다.
B 알겠습니다. 미스터 리. 커피 있나요?

더 다양하게 말하는 표현

Extras +

■ **호칭을 알려주는 표현**

Just call me Sunny. 써니라고 불러주세요.
I go by the name Jake. 저는 제이크란 이름으로 통해요.
My nickname is Jonzal. 제 애칭은 존잘입니다.

□ **대단히 감사합니다. Very nice of you.**

It's very nice of you to do so.(대단히 감사합니다)를 줄인 것이 Very nice of you다. 위의 대화에서 Thanks 이후 very nice of you를 또 말한 것은 '감사'나 '대단히 감사'가 중복된 것과 같다. 영어에서는 이렇게 감사하다는 표현을 남발하는 경향이 있다.

발음팁 [콜 미 미스터 리] Call me Mr. Lee.

call(부르다)과 '내 이름'인 Lee가 중요하니 '콜'과 '리'를 강조합니다.

대화로 기억하세요.

Short **Talks +**

1

Come on in 들어오세요

A Can I talk to you for a second?

B Sure. Come on in. Freezing cold outside, uh?

A 잠시 말씀 좀 나눌 수 있을까요?

B 물론이죠. 들어오세요. 밖에 정말 춥죠?

2

Take a seat 앉으세요

A Take a seat. Would you like coffee?

B Yes. Do you have iced Americano?

A 앉으세요. 커피 드릴까요?

B 네. 아이스 아메리카노 있어요?

3

What was your name again? 성함이 뭐라고 하셨죠?

A What was your name again? I have a bad memory, sorry.

B It's Alexander Sibolski. I go by the name 'Sibol'.

A 성함이 뭐라고 하셨죠? 제 기억력이 안 좋아서요. 죄송해요.

B 알렉산더 시볼스키요. 전 시볼이란 이름으로 통해요.

4

Call me Mr. Lee 미스터 리라고 불러주세요

A Do you have an English name?

B No, I don't. Just call me Mr. Lee.

A 영어 이름이 있으신가요?

B 아뇨. 그냥 미스터 리라고 불러주세요.

자주 쓰는 단어 **Voca**

freeze 얼다
memory 기억력
go by the name ~ ~라는 이름으로 통하다

053 | I'll have it done. 끝내도록 하겠습니다.

MP3 053

이 표현은 내가 직접 하든 누구를 시켜서 하든 일이 완료(done)되도록 하겠다는 의미가 있습니다. I'll do it.은 '내'가 일을 '직접' 한다는 의미가 강한데, 실무에서는 거의 쓰지 않는 어색한 표현입니다.

A **I'm still waiting for the quote.**

B **What? Didn't my assistant send it to you?**

A **I have no idea. [1] It was supposed to be here by yesterday.**

B **[2] I'll have it done. [3] I can promise.**

A **When do you think you'll be ready?**

B **We'll be ready with it today. I'll [4] take care of it myself.**

A 아직 견적서 기다리는 중이에요.
B 네? 제 직원이 보내드리지 않았나요?
A 글쎄요. 어제까지 왔어야 하는데.
B 끝내도록 하겠습니다. 약속드릴게요.
A 언제 준비될 것 같아요?
B 오늘 준비하도록 하겠습니다. 제가 직접 챙길게요.

더 다양하게 말하는 표현

Extras +

■ **업무 진행 관련 표현**

I'll have it finished. 끝내도록 하겠습니다.〈의지〉
I'm working on it. 지금 하고 있어요.〈진행 중〉
I'm nearly done. 거의 다 했는데요.〈완료 임박〉
I'm already done. 이미 다 했는데요.〈완료〉

발음팁 [아일 해브 잇 **던**] I'll have it **done**.

'끝낸 상태'를 뜻하는 done이 중요하니 done의 '던'을 강조합니다.

대화로 기억하세요.

Short **Talks +**

1 **It was supposed to be here** (물건 등이) 왔어야 하는데요

A Where is the package?

B I don't see it. It was supposed to be here by now.

A 택배 어디 있어요?

B 안 보입니다. 지금쯤이면 왔어야 하는데요.

2 **I'll have it done** 끝내도록 하겠습니다

A Are you still working on the spreadsheet?

B I'll have it done before lunch.

A 스프레드시트 아직 하고 계신가요?

B 점심 전까지 끝내도록 하겠습니다.

3 **I can promise** 약속드릴게요

A Don't tell anyone, okay? We'll be in trouble if this spreads out.

B I can promise. You have my word.

A 아무한테도 말하면 안 돼요. 아시겠죠? 이 얘기 퍼지면 큰일 납니다.

B 약속드릴게요. 믿으셔도 됩니다.

4 **take care of sth** ~를 신경 써서 챙기다

A The pantry looks messy. There is food left on the table.

B Let me take care of it.

A 탕비실이 지저분해보입니다. 테이블 위에 음식이 남아 있어요.

B 제가 신경 써서 치울게요.

자주 쓰는 단어 **Voca**

quote(또는 quotation) 견적서
package 상자, 포장물, 택배
be supposed to (규칙, 관습 등에 따라) ~하기로 되어 있다
spread out 퍼지다
pantry 탕비실

054 | When is it over?

MP3 054

언제 끝나요?

회의, 발표 등이 언제 끝나는지를 확인할 때 하는 질문입니다.

A Wait! [1] There are people in the room.

B Oh, it seems they are from the Development Team. **When is it over?**

A I think it will be over within 10 minutes. [2] We booked the room at 4 PM, anyway.

B Okay. [3] Hope they'll be gone soon.

A [4] Do you have the video projector with you?

B Yes, it's here in this small bag.

A 잠시만요! 방에 사람이 있어요.
B 아, 개발팀 사람들인 것 같군요. 언제 끝나죠?
A 10분 이내로 끝날 것 같아요. 어쨌든 4시에 회의실 예약해 두었습니다.
B 네. 곧 가겠죠.
A 빔프로젝터 가지고 오셨어요?
B 네, 여기 작은 가방에 들어 있습니다.

더 다양하게 말하는 표현

Extras +

■ **'언제 끝나요?'와 유사한 표현**
When does it finish? 언제 끝나죠?
How much do we have left? (다뤄야 할 것이) 얼마나 남았나요?

□ **빔 프로젝터 vs. 비디오 프로젝터**
빔프로젝터를 beam projector라고 해도 알아듣긴 하지만 일반적으로는 video(data) projector를 많이 쓴다.

발음팁 [웬 이즈 잇 오우버?] When is it over?

의문사 when(언제)과 over(끝난)가 중요하니 when의 '웬'과 over의 '오우'를 강조합니다.

대화로 기억하세요.

Short **Talks +**

1 **There are people in the room** 방(회의실)에 사람이 있어요

A Is that room empty?

B No. There are people in the room. Let's look for another one.

A 저 회의실 비어 있어요?

B 아뇨. 방에 사람이 있어요. 다른 데 찾아보죠.

2 **book a room at+시간** ~시에 회의실을 예약하다

A I'd like to book a room at 10 o'clock.

B There is already someone at 10. 11 is empty.

A 10시에 회의실을 예약했으면 합니다.

B 10시에는 이미 누가 있는데요. 11시가 비어 있습니다.

3 **hope sth will be+동사pp(과거분사)+soon** ~가 곧 … 되겠죠

A Hope the job will be done soon.

B Right. I don't understand why it's taking ages.

A 일이 곧 마무리되겠죠.

B 네. 왜 이렇게 오래 걸리는지 이해가 안 돼요.

4 **Do you have sth with you?** ~가지고 오셨나요?(지참하셨나요?)

A Do you have your phone with you?

B Not now. Did you call me?

A 전화기 가지고 있으세요?

B 지금은 아니에요. 저한테 전화하셨어요?

자주 쓰는 단어 **Voca**

(conference/meeting) room 회의실, 방

ages 오랫동안

055 | Do you have samples? 샘플 있나요?

MP3 055

물건을 구매하기 전에 샘플을 보면 품질이 어떤지 꼼꼼하게 확인할 수 있겠죠?

A **Why do we have to buy this product?**

B **I'm sure that this product will be very attractive for your customers.**

A **Do you have samples?**

B **Uh... Everything will work [1] on its own, just by pressing the red button here.**

A **So, you have no samples, right? [2] Surprised to see that you showed up without any samples.**

B **[3] I'm terribly sorry about this. Can we [4] make it up some other time?**

A 왜 이 제품을 저희가 사야 하나요?
B 이 제품은 귀하의 고객들을 매료시킬 수 있을 것이 분명합니다.
A 샘플 있나요?
B 어…. 이 빨간 버튼을 누르기만 한다면 모든 것이 알아서 스스로 작동할 겁니다.
A 그래서 샘플 없다는 얘기죠? 샘플도 안 들고 여기 오셨다니 놀랍군요.
B 이 일에 대해서는 정말 죄송합니다. 다른 때에 만회할 수 있을까요?

더 다양하게 말하는 표현

Extras +

- **'샘플 있나요?' 다른 표현**
  Do you have testers? 견본품 있나요?
  Are samples ready? 샘플 준비됐나요?

발음팁 [두 유 햅 샘플ㅅ?] Do you have samples?

견본품(샘플)이 중요하니 samples의 '샘'을 강조합니다.

대화로 기억하세요.

Short **Talks +**

1 **on one's own** 혼자서, 알아서

A Two economy seats from Incheon to Heathrow, right?

B Just one. You're on your own this time.

A 인천에서 히드로 공항으로 이코노미 두 좌석 맞죠?

B 하나만 끊으세요. 이번에는 혼자서 다녀오세요.

2 **Surprised to see that+사실** ~하다니 놀랍네요

A I cannot find that mail even on the server.

B Surprised to see that the server cannot be recovered.

A 서버에서도 그 메일을 찾을 수가 없습니다.

B 서버 복구가 안 된다니 놀랍네요.

3 **I'm terribly sorry** 정말 죄송합니다

A Why am I getting no response for my posting?

B I'm terribly sorry. I was ill with the flu.

A 게시글 올렸는데 답변이 왜 안 달리나요?

B 정말 죄송합니다. 독감 걸려서 아팠어요.

4 **make it up** 만회하다

A You're working tonight again? You said you would go to the movies with me!

B Sorry, darling. I'll make it up. We'll have dinner tomorrow, okay?

A 오늘 밤 또 일해? 나랑 영화 보러 간다고 했잖아!

B 자기야 미안해. 만회할게. 내일 저녁 같이 먹자. 알았지?

자주 쓰는 단어 **Voca**

recover 복구하다
response 반응, 답변
terrible 끔찍한
flu 독감

Review

한영 영어 말하기 051~055

앞에서 배운 문장을 말해보세요.

표시된 부분이 바로 떠오르지 않는다면 해당 부분으로 돌아가 패턴과 표현을 확인하세요.

01 네? 점심으로는 너무 느끼한 게 아닐까요? 051

02 중국음식 시키시죠. 탕수육이 당기네요. 051

03 성함이 뭐라고 하셨죠? 제 기억력이 안 좋아서요. 죄송해요. 052

04 저는 이청흠입니다. '미스터 리'라고 불러주세요. 괜찮습니다. 052

05 상자가 안 보입니다. 지금쯤이면 왔어야 하는데요. 053

06 오늘 준비하도록 하겠습니다. 제가 직접 챙길게요. 053

07 왜 이렇게 오래 걸리는지 이해가 안 되네요. 054

08 10시에 회의실을 예약했으면 합니다. 054

09 이 일에 대해 정말 죄송합니다. 다른 때에 만회할 수 있을까요? 055

10 서버 복구가 안 된다니 놀랍네요. 055

영영 영어 말하기 051~055

왼쪽에서 복습한 문장을 영어로 완성해보세요.
문장을 완성하고 다시 한번 입을 열어 말해보세요.

01 What? Don't you think that's too ________ for lunch?

02 Let's have some Chinese. I'm in the mood for sweet and sour ________.

03 What was your name ________? I have a bad ________, sorry.

04 I'm Chung-Heum Lee. ________ ________ Mr. Lee. That'd ________ fine.

05 I don't see the package. It was ________ to be here by now.

06 We'll be ________ with it today. I'll ________ ________ of it myself.

07 I don't understand why it's taking ________.

08 I'd like to ________ a room at 10 o'clock.

09 I'm ________ sorry about this. Can we ________ ________ up some other time?

10 Surprised to see that the server cannot be ________.

01 greasy 02 pork 03 again, memory 04 Call me, be
05 supposed 06 ready, take care 07 ages 08 book 09 terribly, make it 10 recovered

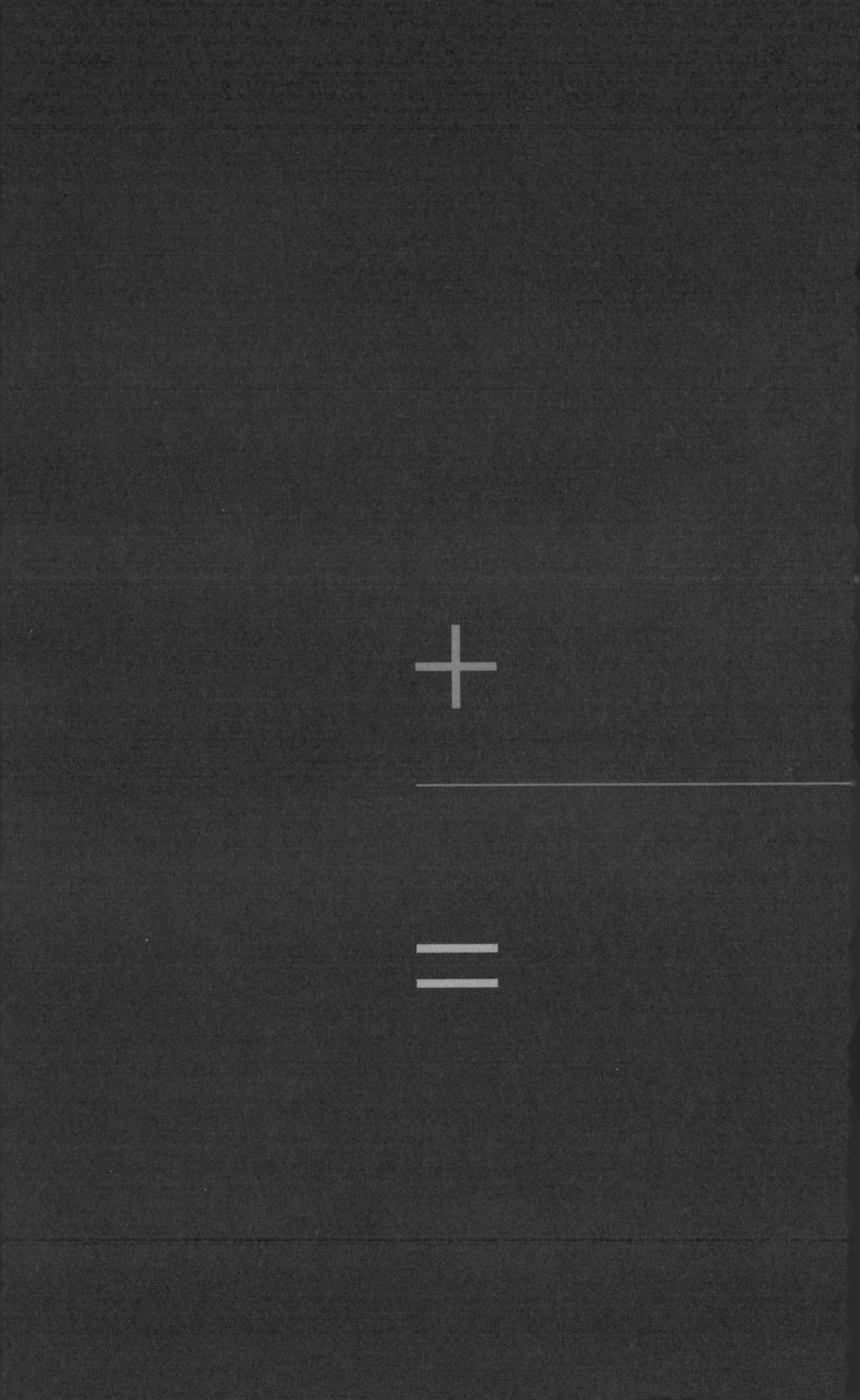

3단어 비즈니스 영어표현 → 010

4단어 비즈니스 영어표현 → 045

5단어 비즈니스 영어표현 → 045

3·4·5단어 비즈니스 영어표현 100

056 | I'm in charge of purchasing.

MP3 056

저는 구매 담당자입니다.

비즈니스상 자기소개를 할 때나 자신의 업무를 상대에게 알릴 때 쓰는 표현입니다.

A **Let me introduce you to Ms. Park. She is the [1] head of finance.**

B **Hello, I'm Cindy Park. I've been with Makpal for 12 years.**

A **Next to her is Ms. Lim. She works on the purchasing team. Everyone tries to [2] be friends with her.**

B **Haha. Hi, this is Nangbi Lim. [3] I'm in charge of purchasing.**

A **[4] How long have you been with Makpal?**

B **Oh, it's my third year here.**

A 박부장님을 여러분께 소개해드리겠습니다. 박부장님은 재무팀장입니다.
B 안녕하세요, 씬디 박입니다. 막팔사에서 일한 지 12년 됐습니다.
A 박부장님 옆에는 임차장님입니다. 임차장님은 구매팀에서 근무하고 있습니다. 모든 사람이 임차장님과 친해지고 싶어하죠.
B 하하. 안녕하세요, 전 임낭비입니다. 저는 구매 담당자입니다.
A 막팔사에 근무하신 지는 얼마나 됐나요?
B 아, 저 여기 온 지 3년째입니다.

더 다양하게 말하는 표현

Extras +

■ **담당자와 책임자를 나타내는 표현**
I'm in charge of sales[advertising/production]. 저는 판매[광고/생산] 담당자입니다.
I'm responsible for finance[accounting]. 저는 재무[회계] 책임자입니다.

□ **~담당이다 be in charge vs. be responsible**
be in charge는 통제권을 가지고 있다는 의미이고, be responsible은 책임을 지고 있다는 의미다. 실무에서 두 표현은 사실상 같은 의미라고 봐도 무방하다.

발음팁 [아임 인차아지 어브 퍼처싱] I'm in charge of purchasing.

in charge(담당인)와 purchasing(구매)이 중요하니 in charge의 '차' 와 purchasing의 '퍼'를 강조합니다.

대화로 기억하세요.

Short **Talks +**

1 **head of+부서명** ~부서장

A My name is Noh Chool. I'm the head of advertising.

B Great! I've been looking forward to seeing you.

A 저는 노출이라고 합니다. 광고팀장이에요.

B 그렇군요! 만나 뵙고 싶었습니다.

2 **be friends with sb** ~와 친하게 지내다

A Do you know Mr. Park well?

B Yes. I've been friends with him for a long time. I used to work with him.

A 박대리님을 잘 아세요?

B 네. 오랫동안 친하게 지내고 있습니다. 같이 일했었어요.

3 **be in charge of+업무** ~담당이다

A Only 5% of the staff have scored 90 points or more in the employee rating.

B Are you in charge of human resources?

A 5%의 직원들만이 직원평가에서 90점 이상을 획득하였습니다.

B 인사담당자이신가요?

4 **How long have you been with+회사명?** ~에 근무하신 지 얼마나 됐나요?

A How long have you been with Speed Construction?

B I joined Speed in 2015.

A 스피드 건설에 근무하신 지 얼마나 됐나요?

B 2015년에 입사했습니다.

자주 쓰는 단어 **Voca**

finance 재무
purchasing 구매
in charge of sth ~ 담당인
advertising 광고
construction 건설

057 | Can you check this in?

MP3 057

이거 부쳐주시겠어요?

공항에서 짐을 부칠 때 쓰는 표현입니다. 부치는 짐은 checked baggage라고 합니다.

A You're flying to Nice via Paris. Is that right?

B Yes, that's right. [1] Can you check this in?

A Sure, put it on the scale. Well, it's too heavy. [2] You need to remove 3 kilos to avoid extra fees.

B Okay, let me sort this out.

A If you arrive at Paris, make sure you [3] pick up your luggage and check-in once again.

B Oh, I see. [4] Thanks for letting me know.

A 파리를 경유해서 니스로 가시는 것 맞죠?
B 네 그렇습니다. 이거 부쳐주시겠어요?
A 네. 저울 위에 올려주세요. 이거 너무 무거운데요. 추가 과금을 피하려면 3킬로를 빼야 합니다.
B 알겠습니다. 해결해볼게요.
A 그리고 파리에 도착하시면 짐을 찾고 다시 수속을 밟으셔야 합니다.
B 그렇군요. 알려주셔서 감사합니다.

더 다양하게 말하는 표현

Extras +

■ **추가 표현**
Can I take this on the plane? 이거 기내 휴대 가능한가요?

□ **캐리어는 carrier?**
우리가 흔히 '캐리어(바퀴 4개 달린 여행용 가방)'라고 부르는 것은 영어로 (travel) suitcase이다. 영어에서 carrier는 주로 대량 수송하는 수단(차량, 선박 등)을 의미한다. suitcase가 생각이 안 날 때는 그냥 bag, luggage, baggage라고 해도 충분히 뜻이 통한다.

발음팁 [캔 유 **첵** 디스 **인**?] Can you check this in?

'부치다'라는 뜻의 check in이 중요하니 '첵'과 '인'을 각각 강조합니다.

대화로 기억하세요.

Short **Talks +**

1 **Can you check this in?** 이거 부쳐주시겠어요?

A Your reservation has been confirmed. Any luggage?

B Yes. Can you check this in?

A 예약 확인되었습니다. 짐 있으세요?

B 네. 이거 부쳐주시겠어요?

2 **You need to remove sth** ~를 빼야 합니다

A What's the matter? Is there anything wrong?

B We found a lighter in your checked baggage. You need to remove it.

A 무슨 일인가요? 잘못된 거 있나요?

B 부치신 짐에서 라이터가 나와서요. 빼야 합니다.

3 **pick up one's luggage** 짐을 찾다

A Where can I pick up my luggage? Carousels aren't running.

B All bags have been placed at the back.

A 짐을 어디서 찾나요? 수하물 벨트가 멈춰 있는데요.

B 모든 가방은 뒤편에 놓여 있습니다.

4 **Thanks for letting me know** 알려주셔서 감사합니다

A May I see your boarding pass? Your gate has changed to No. 34.

B Thanks for letting me know.

A 탑승권 보여주시겠어요? 탑승구가 34번으로 변경되었습니다.

B 알려주셔서 감사합니다.

자주 쓰는 단어 **Voca**

luggage(baggage) 여행용 짐
remove 제거하다, 빼내다
carousel 수하물 (컨베이어) 벨트
at the back 뒤편에
boarding pass 탑승권

058 | Do I have internet access?

MP3 058

인터넷 연결 가능한가요?

업무 하는 데 있어서 인터넷 연결은 이제 필수 사항입니다. 업무 시 필요한 멀티탭, 플러그 등도 이 표현을 이용해서 요청할 수 있습니다.

A The room is huge. [1] Do I have internet access?

B Connect to Wi-Fi PokPoong. The password is on the white-board.

A [2] Do you have a spare power strip?

B Yes, we do. [3] I'll bring you one. Anything else you may need?

A My plug doesn't fit into the socket. Do you have an adapter?

B I don't think we have any. [4] I'll go get one from a shop.

A 회의실이 정말 크네요. 인터넷 연결 가능한가요?
B 와이파이 폭풍으로 접속하세요. 비밀번호는 화이트보드에 적혀 있어요.
A 혹시 멀티탭 남는 거 있으세요?
B 네. 가져다드릴게요. 더 필요한 게 있으실까요?
A 제 플러그가 콘센트에 안 맞아요. 돼지코도 혹시 있을까요?
B 그건 없는 것 같아요. 가게에 가서 사 올게요.

더 다양하게 말하는 표현

Extras +

■ **인터넷 접속 관련 표현**
How do I get on the internet? 인터넷에 어떻게 접속하죠?
Which Wi-Fi should I use? 어떤 와이파이 쓰면 될까요?
What's the ID and password? 아이디와 비밀번호가 뭔가요?

□ **노트북 연결에 필요한 것들**
한국에서 '콘센트'라고 부르는 것은 영어로 socket 또는 outlet이라고 한다. '멀티탭'은 power strip이나 extension cord이다. 간혹 '멀티탭'을 multi tab이나 multi tap으로 말하는 사람들이 있는데, 둘 다 전혀 알아듣지 못한다. 흔히 '돼지코'라고 부르는 변환 플러그는 adapter 또는 adapter plug라고 하면 된다.

발음팁 [두 아이 해ㅂ 인터넷 액세스?] Do I have internet access?

internet(인터넷)과 access(연결)가 중요한 단어이므로, internet의 '인'과 access의 '액'을 강조합니다.

대화로 기억하세요.

Short **Talks +**

1 **Do I have internet access?** 인터넷 연결 가능한가요?

A Do I have internet access? What do I need to do?

B You need to visit the IT center with an application. I'll get one for you.

A 인터넷 연결 가능한가요? 무엇을 어떻게 하면 되나요?

B 신청서를 작성해서 전산센터 방문을 해야 합니다. 신청서 가져다드릴게요.

2 **Do you have a spare+명사?** 혹시 ~ 남는 거 있을까요?

A Do you have a spare monitor? It will help us read better.

B I think I saw one in the storage room. I'll go check.

A 혹시 모니터 남는 거 있을까요? 있다면 읽는 데 도움이 될 것 같아요.

B 창고에서 하나 본 것 같아요. 가서 확인해볼게요.

3 **I'll bring you one(some)** 가져다드릴게요

A Do you have some markers for the whiteboard?

B I'll bring you some. The eraser is already there.

A 화이트보드 마커 있으세요?

B 가져다드릴게요. 지우개는 이미 저기 있네요.

4 **I'll go get one(some) from+장소** ~가서 가져(사) 올게요

A Are there any snacks in the office?

B I'll go get some from the convenience store.

A 사무실에 간식이 있나요?

B 편의점 가서 사 올게요.

자주 쓰는 단어 **Voca**

access 접속, 접근, 연결
application 신청서
spare 남는, 여분의
storage room 사무실 창고
marker 마커
eraser 지우개

059 | I'd like to return these. 반품했으면 합니다.

MP3 059

비즈니스 상황에서 반품한다고 할 때는 보통 하나 이상의 물건을 반품하기 마련이기 때문에 복수형 these를 쓰는 경우가 많습니다. 제품이 하나라면 I'd like to return it.이라고 하세요.

A It's about the yoga mats I ordered. [1] I'd like to return these.

B Okay. [2] May I kindly ask you why?

A I think I ordered the wrong size.

B Fine. Can you first go to 'My Account'? And then, [3] click on the button 'Request Return'. You're all set!

A Is that it?

B Yes. Just [4] have them ready for us to pick up. We'll have a credit note issued for the return.

A 제가 주문한 요가 매트 관련해서요. 반품했으면 합니다.
B 네. 혹시 왜 반품하고자 하시는지 정중하게 여쭤볼 수 있을까요?
A 사이즈 주문을 잘못한 것 같아요.
B 알겠습니다. 우선 '내 계정'으로 가주시겠어요? 그리고 나서 '반품 요청' 버튼을 클릭하세요. 그럼 됩니다!
A 이게 전부예요?
B 네. 저희가 수거할 수 있도록 준비만 해주세요. 반품 관련 크레딧노트를 발행해드릴게요.

더 다양하게 말하는 표현

Extras +

- **돈 달라는 debit note vs. 돈 준다는 credit note**
  debit note는 쉽게 말해 '돈 달라는 문서'다. 즉, 상대방에게 받을 돈이 발생하는 경우 작성한다. 예를 들면, 수출제품 선적 후 단가 인상분 발생을 명시한 문서가 있을 수 있다. credit note는 쉽게 말하자면 '돈 주겠다는 문서'로, 공급자 입장에서 고객으로부터 클레임, 환불 요청, 반품 등이 들어와서 고객에게 줄 돈이 생겼을 때 고객에게 작성해주는 것을 말한다. 물건 등을 수출/납품 후 물건 하자 등의 이유로 고객이 받을 돈이 생겼다면, 고객이 먼저 debit note를 발행하기보다는 원인 제공자인 공급자가 credit note를 고객에게 발행해주는 것이 일반적이다. 이러한 이유로 debit note보다 credit note가 자주 쓰인다.

발음팁 [아이ㄷ 라익 투 뤼**턴** 디이즈] I'd like to re**turn** these.

'반품하다'라는 뜻의 동사 return이 중요하니 return의 '턴'을 강조합니다.

대화로 기억하세요.

Short **Talks +**

1 **I'd like to return this/these** 반품을 했으면 합니다

A Hi, here's the cable I bought a few days ago. I'd like to return this.

B Why? Isn't it working? It doesn't go into your slot?

A 안녕하세요. 며칠 전 구입한 케이블인데요. 반품했으면 합니다.

B 왜요? 작동이 안 되나요? 끼우는 곳에 안 들어가나요?

2 **May I kindly ask you why?** 왜인지 정중하게 여쭤볼 수 있을까요?

A Why do you want an exchange? May I kindly ask you why?

B I clicked on the wrong box on your website.

A 왜 교환을 하길 원하시나요? 왜인지 정중하게 여쭤볼 수 있을까요?

B 홈피에서 버튼을 잘못 클릭했어요.

3 **click on the button** 버튼을 클릭하다

A If you want to change the number of items, click on the 'Quantity' button.

B Aha, that was quick and easy.

A 개수를 변경하고자 한다면 '수량' 버튼을 클릭하세요.

B 아하. 빠르고 쉽네요.

4 **have sth ready** ~를 준비해놓다

A It seems the president wants to have a word with you.

B Can you have my clean shoes ready? I'll be back in the office at 2:30.

A 사장님께서 팀장님과 잠시 의논을 하고 싶어 하는 분위기인데요.

B 제 손질된 구두 준비해 주시겠어요? 2:30에 사무실에 복귀합니다.

자주 쓰는 단어 **Voca**

slot (무엇을 집어넣도록 만든) 구멍
exchange 교환
quantity 수량
have a word with sb ~와 잠시 의논하다

060 | Has the invoice been issued?

MP3 060

계산서가 발급됐나요?

파는 것도 중요하지만 돈 받는 것은 더욱 중요하죠. 거래처에 계산서가 발급됐는지 여부를 확인하는 질문입니다.

A Hello, Mr. Kang! [1] How's everything?

B Hi, Diane. I'm calling about the final payment. It was due yesterday.

A [2] Has the invoice been issued?

B Sure. It was issued on the 23rd of September, about a month ago.

A Well, [3] I don't think I see one on the server. Could you send me another one?

B Certainly. [4] Could you kindly have it processed right away?

A 강차장님 안녕하세요! 별일없죠?
B 다이앤 씨 안녕하세요. 잔금 관련 연락드렸어요. 어제가 기일이었거든요.
A 계산서가 발급됐나요?
B 네. 9월 23일에 발급됐습니다. 약 한 달 전이죠.
A 서버에 그게 안 보이는 것 같아요. 다른 거로 다시 보내주시겠어요?
B 물론이죠. 즉시 처리를 부탁드릴 수 있을까요?

더 다양하게 말하는 표현

Extras +

- **계산서 invoice vs. bill**
  invoice와 bill은 '인보이스, 계산서, 청구서'로 혼용해서 쓰인다. 둘 다 고객한테 돈을 달라고 하는 문서라는 점에서는 같지만 작은 차이가 있다. invoice(인보이스, 계산서)를 고객한테 보내면 고객은 물건을 받은 뒤 향후의 날짜에 돈을 입금할 것으로 받아들인다. bill(청구서, 계산서)은 향후의 날짜가 아닌 고객에게 바로 결제를 요청하는 경우에 자주 쓰인다. 식당에서 식사하고 난 후 즉시 고객인 손님에게 bill을 들이미는 상황을 생각해보면 쉽다.

발음팁 [해즈 디 인보이스 비인 이슈드?] Has the invoice been issued?

계산서 invoice와 발급 issue가 중요하니 invoice의 '인'과 issue의 '이'를 강조합니다.

대화로 기억하세요.

Short **Talks +**

1 **How's everything?** 별일 없죠(일은 좀 어때요)?

A How's everything?

B Not too bad. I had to work overtime for a couple of days. But, I'm fine.

A 별일 없죠?

B 좋은 편이에요. 며칠 야근을 하긴 했지만 괜찮아요.

2 **Has the invoice been issued?** 계산서가 발급됐나요?

A Has the invoice been issued to KOA Enterprise?

B Not yet. We're still arguing about the exact amount.

A KOA사에 계산서가 발급됐나요?

B 아직요. 정확한 금액에 대해 아직 이견이 있어서요.

3 **I don't think I see one** 그게 안 보이는 것 같은데요

A They say they're ready with the new business plan. Can you press the link?

B I don't think I see one. The link does not seem to exist.

A 새 사업계획 보냈다고 연락 왔는데요. 링크 눌러보시겠어요?

B 그게 안 보이는 것 같은데요. 링크가 존재하지 않는 것 같아요.

4 **Could you kindly have it processed?** 처리를 부탁드릴 수 있을까요?

A Did you just change something on the file on the server?

B There was a small error and now it's fixed. Could you kindly have it processed once again?

A 방금 서버 파일에서 뭐 바꾸신 거 있어요?

B 작은 실수가 있었는데 지금 고쳤어요. 다시 처리해주실 수 있을까요?

자주 쓰는 단어 **Voca**

tax invoice 세금계산서
work overtime 야근하다
argue 다투다
business plan 사업계획서
have sth processed 처리하다, 진행시키다

Review

한영 영어 말하기 056~060

앞에서 배운 문장을 말해보세요.

표시된 부분이 바로 떠오르지 않는다면 해당 부분으로 돌아가 패턴과 표현을 확인하세요.

01 막팔사에 근무하신 지는 얼마나 됐나요? 056

02 오랫동안 박대리님과 친하게 지내고 있습니다. 같이 일했었어요. 056

03 짐을 어디서 찾나요? 수화물 벨트가 멈춰 있는데요. 057

04 추가 과금을 피하려면 3킬로를 빼야 합니다. 057

05 혹시 멀티탭 남는 거 있으세요? 058

06 제 플러그가 콘센트에 안 맞아요. 돼지코도 혹시 있으세요? 058

07 저희가 수거할 수 있도록 준비만 해주세요. 059

08 왜 교환을 하길 원하시죠? 왜인지 정중하게 여쭤볼 수 있을까요? 059

09 작은 실수가 있었는데 지금 고쳤어요. 다시금 처리를 부탁드릴 수 있을까요? 060

10 새 사업계획 보냈다고 연락 왔는데요. 링크 눌러보시겠어요? 060

영영 영어 말하기 056~060

왼쪽에서 복습한 문장을 영어로 완성해보세요.
문장을 완성하고 다시 한번 입을 열어 말해보세요.

01 How long ________ you been ________ Makpal?

02 I've been ________ with Ms. Park for a long time. I used to work ________ her.

03 Where can I ________ ________ my luggage? Carousels aren't ________.

04 You need to ________ 3 kilos to avoid ________ fees.

05 Do you have a spare ________ cord?

06 My plug doesn't fit into the ________. Do you have a(n) ________?

07 Just have them ________ for us to ________ up.

08 Why do you want a(n) ________? May I ________ ask you why?

09 There was a small error and now it's ________. Could you kindly have it ________ once again?

10 They say they're ready with the new ________ plan. Can you ________ the link?

01 have, with 02 friends, with 03 pick up, running 04 remove, extra
05 extension 06 socket, adapter 07 ready, pick 08 exchange, kindly 09 fixed, processed 10 business, press

061 | Can you shorten the delivery?

MP3 061

더 빨리 배송 가능할까요?

판매자가 통상 배송하는 기간보다 더 빨리 물품을 받고 싶을 때 이렇게 요청할 수 있습니다.

A [1] How long does the delivery take?

B It will take about 4 weeks. If you place your order this month, I can [2] give you 3% off.

A That sounds like a good offer. [3] Can you shorten the delivery?

B We can, but we wouldn't be able to do the discount.

A If you can make it in 3 weeks, we could consider another order for the next season.

B Sounds fine. Can you [4] confirm this in writing?

A 배송이 얼마나 걸리나요?
B 약 4주요. 이번 달 주문을 하신다면 3% 깎아드릴 수 있어요.
A 괜찮은 제안같아요. 더 빨리 배송 가능할까요?
B 가능은 합니다만 할인을 해드릴 수는 없어요.
A 3주에 배송할 수 있다면 다음 시즌에 또 주문하는 거 고려해볼게요.
B 좋습니다. 이걸 문서로 확약받을 수 있을까요?

더 다양하게 말하는 표현

Extras +

■ **배송 관련 추가 표현**
Can we have it earlier? 더 빨리 받을 수 있을까요?
Can you move up the date? 날짜를 앞당길 수 있을까요?

□ **BOGO(Buy One, Get One free or at less value)**
하나를 사면 추가 하나는 공짜 또는 더 낮은 가격에 주는 행사의 한 형태다. 별다른 설명 없이 그냥 BOGO라고만 되어 있다면 일반적으로 뒤에 free가 생략되어 있다고 보면 된다. 즉, BOGO는 일반적으로 1+1과 같다.
1+1 행사 = Buy One Get One free = BOGO
2+1 행사 = Buy Two Get One free
Buy One Get One 50% off = 하나 사면 추가 한개는 50% 할인 = 2개 사면 총 25% 할인

발음팁 [캔 유 쇼어튼 더 딜리버리?] Can you shorten the delivery?

shorten(단축하다)과 delivery(배송)가 중요하니 shorten의 '쇼'와 delivery의 '리'를 강조합니다.

대화로 기억하세요.

Short **Talks +**

1 **How long does sth take?** ~가 얼마나 걸리나요?

A How long does the shipping take?

B From Vietnam to Korea, it takes about a week.

A 배송이 얼마나 걸리나요?
B 베트남에서 한국으로 약 일주일 걸립니다.

2 **give sb+수치+off** 누구에게 ~만큼 깎아주다

A I'm not sure whether I should buy it.

B If you buy now, I can give you $20 off.

A 이걸 사야 할지 잘 모르겠네요.
B 지금 구매하시면 20불 깎아드릴 수 있습니다.

3 **Can you shorten the delivery?** 더 빨리 배송 가능할까요?

A Can you shorten the delivery?

B We can. But we'll have to increase the price a bit.

A 더 빨리 배송 가능할까요?
B 가능합니다. 그러나 가격을 약간 올려야 합니다.

4 **confirm sth in writing** 문서로 ~를 확약하다

A Here is the offer. Buy one, get one 50% off.

B Not bad. Can you confirm the promotion in writing?

A 제안을 드리죠. 하나 구입하시면 다른 하나는 50% 할인해드릴게요.
B 나쁘지 않군요. 이 행사를 문서로 확약받을 수 있을까요?

자주 쓰는 단어 **Voca**

shorten 단축하다, 앞당기다
promotion (판촉) 행사
in writing 서면으로, 문서로

062 | Can you quote the following?

MP3 062

다음 것에 대해 견적을 내주시겠어요?

quotation과 quote는 모두 '견적'을 의미하는데요, quote는 동사도 되고 명사도 됩니다. estimate보다 자주 쓰는 게 quote 또는 quotation입니다. 보통 제품을 구입할 때는 quote를 받고, 금액이 확정되지 않은 공사 같은 경우 estimate를 받는다고 알아 두세요.

A [1] Can you quote the following? We need model KB and SH.

B Let me see. KB starts at $120 and SH starts at $260.

A The prices are rather high.

B Oh, come on. You know we always offer [2] the lowest prices.

A Is there a [3] minimum amount to get a discount?

B No, sorry. These are [4] the best prices and we're not considering any discounts. [5] I'll send you the quote anyway.

A 다음 것에 대해 견적을 내주시겠어요? 모델 KB와 SH가 필요해요.
B 잠시만요. KB는 120달러부터 시작하고 SH는 260달러부터 시작합니다.
A 가격이 다소 높은데요.
B 왜 이러세요. 저희가 항상 최저가로 드리는 거 알고 계시잖아요.
A 할인을 받기 위한 최소 주문량이 있을까요?
B 아뇨, 죄송해요. 이게 최선의 가격이고 저희는 할인을 고려하고 있지 않습니다. 어찌 됐든 일단 견적서는 보내드릴게요.

더 다양하게 말하는 표현

Extras +

■ **견적 관련 추가 표현**

Can you send us a quote? 견적을 보내주실 수 있으세요?
Our quote is as follows. 당사의 견적은 다음과 같습니다.

□ **견적서 종류**

'견적 좀 내주세요.'라고 할 때 '견적'은 영어로 뭘까? '견적', '입찰', '제안'은 각각 어떻게 다른지 알아보자.

1) estimate
guesstimate라고 하기도 한다. 가격 변동 가능한 견적을 말한다.

2) quote(또는 quotation)
확정 가격을 제시하는 견적을 말한다.

발음팁 [캔 유 크워웃 더 팔로우잉?] Can you quote the following?

'견적내다' quote와 '다음 것'이라는 의미의 the following이 중요하니 quote의 '크'와 following의 '팔'을 강조합니다.

대화로 기억하세요.

Short **Talks +**

1

Can you quote the following? 다음 것에 대해 견적을 내주시겠어요?

A Can you quote the following? CT200, SB400, and PH700.

B Sure. We have all of them in stock. I'll email you.

A 다음 것에 대해 견적을 내주시겠어요? CT200, SB400 및 PH700입니다.

B 물론이죠. 전부 재고 있는 물건들입니다. 이메일 드릴게요.

2

the lowest(best) price 최저가

A $130 a day is the best price I found on the internet.

B I know a vendor offering lower.

A 하루 130달러가 인터넷에서 제가 찾은 최저가입니다.

B 더 낮은 가격 제시 가능한 공급자를 알고 있어요.

3

minimum amount 최소 수량

A I'd like to order 30 screw bolts.

B 100 is the minimum amount. It can't go any less than that.

A 나사 볼트 30개를 주문하고자 합니다.

B 100개가 최소수량이에요. 그 이하로는 안 됩니다.

4

I'll send you the quote 견적서를 보내드릴게요

A We're considering buying 2,000 units of Gladiator300.

B Thank you for the interest in our product. I'll send you the quote today.

A 글라디에이터300을 2,000개 주문하려고 하고 있습니다.

B 저희 제품에 보여주신 관심에 감사드립니다. 오늘 견적서를 보내드릴게요.

3) bid
입찰견적을 말한다. 보통 과업 세부항목별로 구체적인 소요 일정 및 계획이 포함되어 있다.

4) proposal
제안서를 뜻한다. 위 세 개를 다 합쳐놓은 것으로 가격, 소요 일정, 제안사의 장점, 참여 인력의 숙련도, 과업별 수행계획 및 가격, 과업별 수행방법론 등이 포함된다.

자주 쓰는 단어 **Voca**

the following 다음에 나오는 것
quote(또는 quotation) 견적서
screw bolt 나사 볼트

063 | Sorry, I can't do it. 그렇게 해드릴 수 없어요.

MP3 063

상대방이 과도한 요구를 할 때 이를 완곡하게 거절하는 표현입니다. 하지만 비즈니스에는 공짜가 없죠. 과도한 할인을 수락해야 하는 상황이라면 대신 주문 수량을 늘려달라고 요청하는 것도 전략입니다.

A Can we agree on 3.7 dollars an ounce?

B **Sorry, I can't do it.** I just can't.

A [1] You don't want to cancel this, do you?

B I can [2] think of giving you free installation.

A Can you [3] stretch to free shipping and installation?

B Can you [4] increase the volume a bit then?

A 온스당 3.7달러에 협의 가능할까요?
B 그렇게 해드릴 수 없어요. 정말이에요.
A 이거 취소하길 원하시는 건 아니시잖아요.
B 무료 설치를 지원해드릴 수 있을 것 같습니다만.
A 무료 배송과 설치까지 해주실 수 있으세요?
B 그렇다면 주문량을 약간 늘려줄 수 있으신가요?

더 다양하게 말하는 표현

Extras +

■ **거절할 때 쓰는 표현**
That is difficult for us. 어렵겠는데요.

● **공급자 입장에서 고객에게 제안하는 표현**
I can give you a tool kit in extra. 공구세트 하나를 추가로 드릴 수 있습니다.
Can we raise the price a bit? 가격을 약간 인상할 수 있을까요?
Can you shorten the payment date? 지급일을 앞당길 수 있을까요?
I can give you 3% off if you pay now. 지금 결제하시면 3% 깎아드릴 수 있어요.

발음팁 [쏘오뤼, 아이 캔ㅌ(영국식: 카안ㅌ) 두 잇] Sorry, I can't do it.

'미안하다' sorry의 '쏘'를 일단 강조하고, '할 수 없다'는 게 포인트니 can't의 '캔'(영국영어에서는 '카안')을 강조합니다.

대화로 기억하세요.

Short **Talks +**

1 **You don't want to cancel this** 이거 취소하길 원하시는 건 아니잖아요.

A I can't go any lower. 4.5 pounds a kilo is the bottom line.

B You don't want to cancel this. Let's shake hands on 4.3, okay?

A 더 낮춰드릴 수는 없어요. 킬로당 4.5파운드가 하한선입니다.

B 이거 취소하길 원하시는 건 아니잖아요. 4.3에 협의하시죠. 괜찮죠?

2 **think of giving sth** ~를 지원하는 것을 고려하다

A Can you think of giving us some help of your professionals?

B We'll be able to assign 2 professionals for one month.

A 귀사 전문가들의 도움을 저희에게 지원하는 거 고려해주실 수 있으세요?

B 2명의 전문가를 한 달 동안 보내드릴 수 있습니다.

3 **stretch to sth** ~까지 (쭉 펴서) 늘리다

A We'd be happy to seal the deal if you can stretch the fee to 300,000 USD.

B We would need 2 months to have it paid though. Is that okay?

A 수수료를 30만 USD까지 늘려주신다면 계약을 기꺼이 체결하도록 하겠습니다.

B 지급하는 데 2개월이 필요할 것으로 보입니다만, 괜찮으신가요?

4 **increase the volume** 주문량을 증가시키다

A Can you do 2.5 dollars a unit?

B At that price, we'd have to increase the volume from 700k to 800k.

A 개당 2.5달러에 가능할까요?

B 그 가격에는 주문량은 70만에서 80만으로 늘릴 수밖에 없어요.

자주 쓰는 단어 **Voca**

pound 파운드(영국의 화폐단위)
bottom line 최저선/요점
professional 전문가
ounce 온스(질량 세는 단위, 1oz=28.4g)
k 천(thousand보다 짧아서 자주 쓰는 비즈니스 은어)

064 | Please pay within 2 weeks.

MP3 064

2주 이내 지불 부탁드립니다.

고객에게 지급 기한을 알려주는 표현입니다. 언제부터 2주를 말하는지 기준이 되는 날짜를 정확하게 언급하고 싶다면 뒤에 'from+날짜'를 붙여 표현할 수 있습니다.

A Appreciate your order.

B Could you send the goods [1] via air freight? [2] We need them fast.

A Sure. We'll be able to have them shipped by Wednesday.

B Okay. Hope we can get the goods early next week.

A **Please pay within 2 weeks.** Air freight costs will [3] be added on the invoice.

B Wait a minute. I thought the delivery costs were [4] at your expense.

A 주문해주셔서 감사합니다.
B 물건을 항공 운송편으로 보내주시겠어요? 급하게 필요합니다.
A 물론이죠. 수요일까지 발송될 수 있도록 하겠습니다.
B 네. 다음 주 초에 물건을 받을 수 있으면 합니다.
A 2주 이내 지불 부탁드립니다. 항공운송료는 계산서에 더해질 겁니다.
B 잠시만요. 운송비는 그쪽 비용으로 처리되는 것으로 알고 있는데요.

더 다양하게 말하는 표현

Extras +

■ **지불(결제)을 부탁하는 표현**
Can you wire the money to my account? 제 계좌로 송금해주시겠어요?
Your prompt payment will be appreciated. 신속히 송금해주시면 감사하겠습니다.
Please pay within 2 weeks from the invoice date. 송장일로부터 2주 이내 지불 부탁드립니다.

발음팁 [플리즈 페이 위씬 투 위익스] Please pay within 2 weeks.

'지불', '기한', '2주'가 각각 중요하니 pay의 '페' 및 two의 '투' 와 weeks의 '위'를 강조합니다.

대화로 기억하세요.

Short **Talks +**

1 **via(by) air freight** 항공 운송편으로

A I want you to send us the boxes by air freight.

B It's from Taiwan to Seoul. It's not going to be cheap.

A 상자들을 항공 운송편으로 보내주셨으면 합니다.

B 대만에서 서울로 가는 거라서 싸지는 않을 거예요.

2 **need sth fast** 급하게 ~가 필요하다

A Hey Laura, can you get me a remote control for the OHP? I really need it fast.

B Oh, I think there's one in the room upstairs. I'll make it quick.

A 로라 씨 빔프로젝터 리모컨 하나 가져다줄 수 있어요? 정말 급하게 필요해요.

B 아, 위층 회의실에 하나 있는 것 같아요. 잽싸게 다녀올게요.

3 **be added on sth** ~에 더해지다

A Extra charges are added on the bill. They are mostly travel expenses.

B How much are they? I know you can waive them for us.

A 부대비용이 청구서에 더해져 있습니다. 대부분 출장경비예요.

B 얼마인가요? 빼주실 수 있으시잖아요.

4 **at one's expense** ~의 비용으로

A How come one of my travel slips got turned down? We had no choice but to leave on a Sunday.

B Meals on a Sunday should be at your expense. I'm afraid that's what the policy is.

A 출장전표 하나가 왜 거절이 됐나요? 일요일에 출발할 수밖에 없었다고요.

B 일요일 식대는 본인 비용으로 부담해야 합니다. 유감이지만 정책이 그래요.

자주 쓰는 단어 **Voca**

early next week 다음 주 초
extra charges 부대비용
have no choice but to ~할 수밖에 없다
waive 포기하다, 면제해주다
turn down 거절하다

065 | The delivered goods are damaged.

MP3 065

배송된 물건이 파손된 상태입니다.

배송된 물건이 불량이거나 파손되어 이를 알리고 항의할 때 쓰는 표현입니다.

A Hi, Jamie. How is it going?

B [1] Not too great. As you see on the photo attached, [2] the delivered goods are damaged.

A I don't understand. Do you have an idea of what caused the damage?

B It's not our job to [3] look into this. We want a full refund.

A Okay. I'll report this to logistics and [4] have it sorted out. Sorry for the inconvenience.

B Talk to you later. Bye.

A 제이미님 안녕하세요. 잘 지내시고 있죠?
B 그다지 좋지 않네요. 첨부된 사진에서 보시는 것처럼 배송된 물건이 파손됐어요.
A 이해가 안 되네요. 무엇 때문에 파손이 되었을지 아십니까?
B 이걸 조사하는 것은 저의 일이 아니죠. 전액 환불을 원합니다.
A 알겠습니다. 물류 쪽에 보고하고 해결할 수 있도록 하겠습니다. 불편을 끼쳐 죄송합니다.
B 나중에 다시 얘기하시죠. 끊을게요.

더 다양하게 말하는 표현

Extras +

- **결함이나 훼손이 있을 때 쓰는 표현**
  The product has defects. 제품에 결함이 있습니다.
  The packaging was damaged. 포장이 훼손되어 있는데요.

발음팁 [더 딜리버드 구즈 아아 대미지ㄷ] The delivered goods are damaged.

배송된 delivered와 파손된 damaged가 중요하니 delivered의 '리'와 damaged의 '대'를 강조합니다.

대화로 기억하세요.

Short **Talks +**

1 **Not too great** 별로요(상대방의 인사에 대한 부정적인 답)

A You look down. Everything okay with you?

B Not too great. I feel sick at the stomach.

A 기운이 없어 보이네요. 괜찮으신 건가요?

B 별로요. 속이 메스꺼워요.

2 **The delivered goods are+형용사** 배송된 물건이 ~어요.

A What's up? You look depressed.

B There's a serious issue. The delivered goods are wet.

A 무슨 일 있어요? 왜 이렇게 풀이 죽어 있어요.

B 중대한 사건이 터졌네요. 배송된 물건이 젖어 있어요.

3 **look into sth** ~를 조사하다

A We got your products and they are full of scratches. This is unacceptable!

B I apologize. We'll look into this matter and report back to you.

A 보내주신 물건 받았는데 스크래치가 잔뜩 나 있어요. 이건 용납이 안 되네요!

B 사과드립니다. 이 사안에 대해 조사를 해보고 보고드리겠습니다.

4 **have sth sorted out** ~를 해결할 수 있도록 하다

A Why has the production line stopped?

B We'll have everything sorted out before lunch. We'll soon find out what or who caused this disaster.

A 왜 생산라인이 멈춘 거죠?

B 점심 전까지 모든 것을 해결할 수 있도록 하겠습니다. 무엇이 혹은 누가 이 사태를 일으켰는지 곧 밝혀낼 것입니다.

자주 쓰는 단어 **Voca**

logistics 물류
inconvenience 불편
scratch 스크래치, 기스
look into sth ~를 조사하다
disaster 사태, 재앙
defect 결함, 불량품
defective 결함이 있는, 불량이 있는

Review

한영 영어 말하기 061~065

앞에서 배운 문장을 말해보세요.
표시된 부분이 바로 떠오르지 않는다면 해당 부분으로 돌아가 패턴과 표현을 확인하세요.

01 더 빨리 배송한다면 가격을 대신 약간 높여야 합니다. 061

02 지금 구매하시면 20불 깎아드릴 수 있습니다. 061

03 다음 것에 대해 견적을 내주시겠어요? CT200, SB400 및 PH700입니다. 062

04 100개가 최소수량이에요. 그 이하로는 안 됩니다. 062

05 이거 취소하길 원하시는 건 아니시잖아요. 063

06 수수료를 30만 USD까지 늘려주신다면 계약을 기꺼이 체결하도록 하겠습니다. 063

07 물건을 항공 운송편으로 보내주시겠어요? 급하게 필요합니다. 064

08 출장전표 하나가 어찌하여 거절이 됐나요? 일요일에 출발할 수밖에 없었다고요. 064

09 무엇 때문에 파손이 되었을지 아십니까? 065

10 물류 쪽에 보고하고 해결할 수 있도록 하겠습니다. 불편을 끼쳐 죄송합니다. 065

영영 영어 말하기 061~065

왼쪽에서 복습한 문장을 영어로 완성해보세요.
문장을 완성하고 다시 한번 입을 열어 말해보세요.

01 We'll have to ________ the price a bit if we ________ the delivery.

02 If you buy now, I can give you $20 ________.

03 Can you ________ the following? CT200, SB400, and PH700.

04 100 is the ________ amount. It can't go any ________ than that.

05 You don't want to ________ this, ________ you?

06 We'd be happy to ________ the deal if you can ________ the fee to 300,000 USD.

07 Could you send the goods via air ________? We need them ________.

08 How come one of my travel slips got ________ down? We had no choice ________ to leave on a Sunday.

09 Do you have an ________ what caused the damage?

10 I'll report this to logistics and have it ________ out. Sorry for the ________.

01 increase, shorten 02 off 03 quote 04 minimum, less
05 cancel, do 06 seal, stretch 07 freight, fast 08 turned, but 09 idea 10 sorted, inconvenience

066 | It depends on the price.

MP3 066

가격에 따라 다르죠.

영업할 때 고객의 요청을 무제한 들어줄 수는 없습니다. 하지만 일반적으로 가격을 높게 받는다면 그에 따라 제공해줄 수 있는 것도 많아지기 마련입니다.

A Are there any after-sales services?

B [1] It depends on the price. If you choose Plan Super, we'd be able to [2] provide you with the services for 2 years.

A Hmm. Plan Super is just too high for us.

B You may also be interested in Plan King. [3] It has software services included, but only for 1 year, though.

A That sounds much better. I'll accept the offer.

B Great! Let's [4] write up the purchase order.

A 애프터 서비스가 있나요?
B 가격에 따라 다르죠. Plan Super를 선택하신다면 2년 동안 서비스를 제공해드릴 수 있습니다.
A 흠. Plan Super는 너무 비싼 것 같아요.
B Plan King은 어떠세요? 소프트웨어 서비스가 포함되어 있지만 1년 짜리입니다.
A 그게 더 낫겠네요. 그걸로 하겠습니다.
B 좋습니다! 주문서를 작성하시죠.

더 다양하게 말하는 표현

Extras +

- It depends on the price. **가격에 따라 다르죠.**
  1) 판매자 입장
     가격에 따라 제공하는 제품/용역이 달라질 것이다.(더 비싼 것을 사라는 의도)
  2) 구매자 입장
     가격에 따라 살지 말지 혹은 구매량을 조절하겠다.(보다 가격을 낮춰 달라는 의도)

발음팁 [잇 디펜즈 온 더 프롸이쓰] It depends on the price.

'~에 따라 다르죠'를 뜻하는 depend와 '가격' price가 중요하니 depend의 '펜'과 price의 '프롸'를 강조합니다.

대화로 기억하세요.

Short **Talks +**

1

It depends on the price 가격에 따라 다르죠

A How many do you think you need?

B It depends on the price. The less the price, the more volume we can afford.

A 얼마나 필요하신가요?

B 가격에 따라 다르죠. 가격이 낮을수록 수량을 늘릴 수 있습니다.

2

provide sb with sth 누구에게 ~를 제공하다

A Is my team helping you well?

B We've been provided with nothing so far. I guess they're busy making things up.

A 저희 팀원들이 잘 도와드리고 있나요?

B 아직 아무것도 제공받지 못했어요. 다들 뭐 만드시느라 바쁘신 것 같습니다.

3

It has sth included 이것에는 ~가 포함이 되어 있습니다

A Do I get a charger if I buy this?

B Yes, there is a charger. It also has a high capacity battery included. It's a good buy.

A 이거 사면 충전기도 같이 주나요?

B 네. 충전기 들어 있습니다. 그리고 대용량 배터리도 포함되어 있어요. 정말 잘 사시는 거예요.

4

write up sth ~를 (완전히) 작성하다

A How do I apply for the health insurance benefits?

B You need to write up a form. I'll send you a link where you can find one.

A 건강보험 지원금을 어떻게 신청하나요?

B 양식을 작성하셔야 해요. 양식 찾아볼 수 있는 링크 하나 보내드릴게요.

자주 쓰는 단어 **Voca**

software service 소프트웨어 서비스
capacity 용량
charger 충전기
benefit 지원금

067 | Your first time in Korea?

MP3 067

한국은 처음인가요?

한국을 방문한 손님한테 아주 흔히 하는 질문 중 하나입니다. 진지한 태도로 말하는 것보다 Small talk의 신호로 가볍게 던지는 느낌으로 말하는 것이 자연스럽습니다.

A [1] You must be Janet! How's everything?

B Good! And you must be Min-su. [2] Nice to meet you in person!

A [3] Your first time in Korea? What's your impression?

B Yes, it is. [4] There was a lot of traffic on the way.

A Traffic is usually heavy in the afternoon here in Seoul.

B But the weather is fantastic! Love the warm breeze.

A 자넷 씨 맞죠? 잘 지내세요?

B 네! 민수 씨죠? 직접 만나게 되어 반갑습니다!

A 한국은 처음인가요? 인상이 어떤가요?

B 처음이에요. 오는 길이 엄청나게 막히더라고요.

A 여기 서울은 오후에 길이 보통 많이 막혀요.

B 하지만 날씨는 환상적이네요! 따뜻하게 솔솔 불어오는 바람 너무 좋아요.

더 다양하게 말하는 표현

Extras +

■ **추가 표현**

When did you arrive here in Korea? 한국에 언제 도착하셨어요?

Have you tried Korean food? 한국 음식 드셔보셨어요?

□ **동료 colleague vs. co-worker**

둘 다 '동료'라는 기본적인 뜻은 같지만 colleague는 주로 같은 직업을 가지고 있는 동료를 의미하고, co-worker는 같은 공간에서 일하는 동료를 의미한다. 다음 예문에서 확인해보자.

I used to teach Korean in a middle school. Most of my colleagues were teaching English.

전 중학교에서 한국어를 가르친 적이 있는데요. 제 동료들은 대부분 영어를 가르쳤습니다.

There are 5 people working in the room. Katie is one of my co-workers.

회의실에서 다섯 명 일하고 있습니다. 케이디도 동료 중 한 명이죠.

발음팁 [유어 퍼스트 타임 인 코오뤼아?] Your first time in Korea?

first(처음)와 Korea(한국)가 중요하니 first의 '퍼'와 Korea의 '뤼'를 강조합니다.

대화로 기억하세요.

Short **Talks +**

1 **You must be+상대방 이름** ~님 맞죠?

A Hi, you must be Ms. Sharapova. Welcome to Korea!

B Oh, hello! Pleased to meet you.

A 안녕하세요. 샤라포바님 맞죠? 한국에 오신 것을 환영합니다!

B 아 안녕하십니까? 만나서 반가워요.

2 **Nice to meet you in person** 직접 만나게 되어 반갑습니다

A This is my colleague, ChilChil.

B Hello ChilChil! Nice to meet you in person.

A 제 동료 칠칠 씨입니다.

B 칠칠 씨 안녕하세요! 직접 만나게 되어 반갑습니다.

3 **Your first time in Korea?** 한국은 처음인가요?

A Can you fasten your seatbelt? Off we go. Your first time in Korea?

B Been here a couple of times. Just love the food.

A 벨트 매주시겠어요? 출발할게요. 한국은 처음인가요?

B 몇 번 와봤어요. 음식이 기가 막히더라고요.

4 **There was a lot of traffic** 길이 엄청나게 막히더라고요

A Excuse me for being a bit late. There was a lot of traffic.

B It's alright. Traffic is always an issue in big cities.

A 살짝 늦어서 죄송합니다. 길이 엄청나게 막히더라고요.

B 괜찮습니다. 대도시에서 길 막히는 건 어디나 똑같죠.

자주 쓰는 단어 **Voca**

impression 인상
breeze 솔솔 불어오는 바람, 산들바람
colleague 동료
traffic 도로상의 차량, 교통량
in person (이메일이나 전화 같은 방법이 아니라)직접, 몸소

068 | I haven't heard about it. 처음 듣는데요.

MP3 068

금시초문인 얘기를 상대방이 할 때 그냥 '아돈노' 하면 무례하게 보일 수 있습니다. 한국어로 뭘 물어봤는데 짧게 '몰라요'라는 답을 들으면 기분이 좋을 리가 없죠. '그것에 대해서 들어본 적이 없는 것 같은데요' 식으로 완곡하게 표현하세요.

A Are you sure you made the order? I don't see any information.

B I sent the purchase order via email. [1] It was always like this.

A Our new website is now open. It's been a few weeks.

B [2] I haven't heard about it.

A Can you place an order at the website? I'll [3] text you the address.

B Okay. [4] I see what you mean.

A 주문 넣으신 거 맞나요? 내역이 안 보이네요.
B 주문서 메일로 넣었습니다. 항상 이렇게 했는데요.
A 저희 웹사이트 이번에 개설이 됐어요. 몇 주 됐습니다.
B 처음 들어요.
A 웹사이트에서 직접 주문해주시겠어요? 주소는 문자로 보내드릴게요.
B 아 그렇군요. 잘 알겠습니다.

더 다양하게 말하는 표현

Extras +

■ **'금시초문' 추가 표현**
Never heard of it. 처음 듣는데요.
That's new to me. 처음 듣는데요.

□ **영어로 숫자 읽기**
영어에서 숫자를 읽을 때는 기본적으로 두 자리씩 끊어 읽고, 세 자리 숫자는 〈한 자리+두 자리〉로 읽는다.

1017	ten seventeen (○)	one thousand and seventeen (×) (이렇게 읽을 시간 없음)
1107	eleven o-seven (○)	one thousand one hundred and seven (×) (이렇게 읽을 시간 없음)
850	eight fifty (○)	eight hundred and fifty (×) (이렇게 읽을 시간 없음)

발음팁 [아이 해븐ㅌ 허어드 어바우 릿] I haven't heard about it.

부정을 나타내는 haven't와 '들어본 적 있는'의 heard가 중요하니 haven't의 '해'와 heard의 '허'를 강조합니다.

대화로 기억하세요.

Short **Talks +**

1

It was always like this 항상 이렇게 했는데요

A Wrong format? It was always like this.

B The format has been changed.

A 양식이 틀리다고요? 항상 이렇게 했는데요.

B 양식이 변경되었습니다.

2

I haven't heard about it 처음 듣는데요

A 300 dollars are said to be given to everyone.

B I haven't heard about it. Is that a rumor?

A 모두에게 300달러가 지급된다는데요.

B 처음 듣는데요. 소문인가요?

3

text sb ~에게 문자(메시지)를 보내다

A Can you text Rachel? We're running late.

B Sure. Let me pull over at the next light.

A 레이첼한테 문자 보내주시겠어요? 늦겠네요.

B 알겠습니다. 다음 신호등에서 잠깐 정차할게요.

4

I see what you mean 알겠습니다(알아들었어요)

A The room number is 1107. Not 1017.

B I see what you mean.

A 방 번호는 1107입니다. 1017이 아니고요.

B 알겠습니다.

자주 쓰는 단어 **Voca**

place an order 주문하다
text sb sth ~에게 …을 문자로 보내다
rumor 소문
pull over 정차하다
(traffic) light 신호등

069 | How'd you like to pay?

MP3 069

결제는 어떻게 하시겠어요?

결제 조건 혹은 결제 수단을 고객과 협의하고자 할 때 고객에게 묻는 표현입니다.

A So, [1] how'd you like to pay?

B Can we go with net 30?

A What does that mean? I'm confused.

B It means the payment is due in 30 days after the [2] invoice date. [3] Can you give us a discount if we pay early?

A Well, I'd say [4] if you pay within 10 days you can save 2%.

B Can you do net 30, and 3% discount if we pay within 10 days?

A 결제는 어떻게 하시겠어요?
B 네트 30으로 할 수 있을까요?
A 그게 무슨 뜻이죠? 헷갈리네요.
B 계산서 발행일 후 30일에 지급기일이 도래한다는 뜻입니다. 조기 지급을 하는 경우 할인을 해주실 수 있으세요?
A 음, 10일 이내 지급해주시면 2%를 빼 드릴 수 있어요.
B 네트 30에 10일 이내 드리면 3% 할인으로 해주실 수 있을까요?

더 다양하게 말하는 표현

Extras +

■ Net 30

이는 계산서 발행일 후 30일에 지급기일이 도래하는 결제 조건(payment term)을 말한다. Net 7, 10, 30, 60, 90 등으로 결제 조건을 말해보자.

발음팁 [하우 쥬 라익 투 페이?] How'd you like to pay?

의문사 how(어떻게)와 pay(결제하다)가 중요하니 how의 '하' 및 pay의 '페'를 강조합니다.

대화로 기억하세요.

Short **Talks +**

1 **How'd you like to pay?** 결제는 어떻게 하시겠어요?

A How'd you like to pay?

B I'll pay through the wire-transfer.

A 결제는 어떻게 하시겠어요?
B 송금하겠습니다.

2 **invoice date** 계산서 발행일

A I have an invoice in my email. What is it about? There is nothing on the description box. I don't see the invoice date, either.

B Remember we sent you another machine? That's what it's about.

A 계산서가 이메일로 왔는데요. 이거 무엇에 관련된 건가요? 참고란에 아무것도 안 쓰여 있어요. 계산서 발행일도 안 보이고요.
B 기계 하나 더 보내드린 거 기억하시죠? 그거 관련된 거예요.

3 **Can you give us a discount if ~?** ~경우 할인을 해 주실 수 있나요?

A Can you give us a discount if we pay in full?

B I can give you 5% off if you pay now.

A 전액 지급을 하는 경우 할인을 해주실 수 있나요?
B 지금 결제하시면 5% 빼드릴 수 있습니다.

4 **if you pay within+기간** ~이내 지급(결제)해주시면

A By when do I have to pay?

B If you do not pay within 2 hours, the reservation will be canceled.

A 언제까지 결제하면 되나요?
B 2시간 이내 결제하시지 않으면 예약이 취소됩니다.

자주 쓰는 단어 **Voca**

save 절약하다, 아끼다
wire-transfer 송금
description box 참고란, 적요란
wire-transfer 송금

070 | The payment hasn't been made.

MP3 070

돈이 안 들어왔어요.

돈을 벌기 위해 일을 하는데 입금이 안 됐다면 큰일이죠? 여기서 동사 make는 지급(payment)이 이루어지는 것을 뜻합니다. make payment 형태로 자주 씁니다.

A **We're [1] doing the best we can to pay you.**

B **Look. The payment hasn't been made. [2] Plain and simple.**

A **Sorry for the trouble. Can you give us one more week?**

B **Come on. It's the third notice already.**

A **I just can't understand [3] all the hassle. [4] You know we're trying.**

B **I have no choice. I'm afraid we ask you to pay immediately.**

A 돈 드리기 위해 최선을 다하고 있습니다.
B 이보세요. 돈이 안 들어왔어요. 다른 말 필요 없어요.
A 문제를 일으켜 죄송합니다. 일주일 더 주실 수 있으실까요?
B 아 참. 벌써 세 번째 통지잖아요.
A 계속해서 저희를 들들 볶아대는 게 이해가 안 되네요. 저희 노력하고 있는 거 아시잖아요.
B 어쩔 수 없어요. 안타깝지만 즉시 지급을 요청합니다.

더 다양하게 말하는 표현

Extras +

■ **돈을 못 받았을 때 하는 표현**

You paid us nothing. 저희한테 준 게 없잖아요.
We've been paid nothing. 돈 들어온 게 없어요.

□ **trouble vs. hassle**

trouble은 주로 곤경에 처한 상황을 의미한다. hassle은 계속해서 귀찮게 물어보고 요청하면서 짜증 나게 들볶는 행동을 뜻한다.

You're in big trouble. 너 큰일 났어.
I can't stand the hassle of moving again. 다시 이사 가는 짜증 나는 상황을 겪고 싶지 않아요.

발음팁 [더 페이먼트 해즌ㅌ 비인 메이드] The payment hasn't been made.

payment의 '페'와 hasn't의 '해' 및 made의 '메'를 강조합니다.

대화로 기억하세요.

Short **Talks +**

1 do the best one can to+동사원형

~하기 위해 최선을 다하고 있습니다

A We need to switch to another loan.

B I'm doing the best I can to find the right bank.

A 다른 대출로 갈아타야겠어요.

B 맞길 은행을 찾기 위해 최선을 다하고 있습니다.

2 Plain and simple

다른 말 필요 없어요/복잡하게 생각할 거 없어요

A We were not happy with your quote. That's why you got rejected. Plain and simple.

B We know there have been some issues with the delivery terms. But this is just not fair.

A 제출하신 견적서에 만족하지 못했습니다. 이 이유로 거절된 것입니다. 복잡하게 생각할 거 없어요.

B 배송조건 관련 일부 문제가 있었다는 점 알고 있습니다만, 이건 공평하지 않습니다.

3 all the hassle 모든 성가신 일(들들 볶아대는 행위)

A Why do I get all the hassle? They'd know I'm not to blame for.

B It's not your fault. It's just your job.

A 왜 저만 들들 볶는 거예요? 제 탓이 아니라는 걸 알텐데요.

B 당신 잘못이 아니에요. 단지 당신 업무일 뿐이죠.

4 You know we're trying 저희 노력하고 있는 거 아시잖아요

A Many people are questioning whether the task can be completed on time.

B You know we're trying. You're discouraging us from doing a great job.

A 과업이 제때 끝날지에 대해 많은 사람이 의문을 품고 있어요.

B 저희 노력하고 있는 거 아시잖아요. 일 잘하고 있는데 힘이 빠지네요.

자주 쓰는 단어 **Voca**

reject 거절하다

question 의문을 품다

discourage 의욕을 꺾다, 힘 빠지게 만들다

Review

한영 영어 말하기 066~070

앞에서 배운 문장을 말해보세요.

표시된 부분이 바로 떠오르지 않는다면 해당 부분으로 돌아가 패턴과 표현을 확인하세요.

01 가격에 따라 다르죠. 가격이 낮을수록 수량을 늘릴 수 있습니다. 066

02 건강보험 지원금을 신청하기 위해서 양식을 작성하셔야 합니다. 066

03 홀거 씨죠? 직접 만나게 되어 반갑습니다! 067

04 한국은 처음인가요? 인상이 어떤가요? 067

05 주문서 메일로 넣었습니다. 항상 이렇게 했는데요. 068

06 레이첼한테 저희 늦는다고 문자 보내주시겠어요? 068

07 10일 이내 지급해 주시면 2%를 빼드릴 수 있어요. 069

08 전액 지급을 하는 경우 할인을 해주실 수 있으세요? 069

09 왜 저만 들들 볶는 거예요? 제 탓이 아니라는 걸 알텐데요. 070

10 제출하신 견적서에 만족하지 못했습니다. 이 이유로 거절된 것입니다. 복잡하게 생각할 거 없어요. 070

영영 영어 말하기 066~070

왼쪽에서 복습한 문장을 영어로 완성해보세요.
문장을 완성하고 다시 한번 입을 열어 말해보세요.

01 It ________ the price. The less the price, the ________ volume we can afford.

02 You need to ________ ________ a form to apply for the health insurance ________.

03 You must be Holger. Nice to meet you in ________!

04 Your first time in Korea? What's your ________?

05 I sent the purchase ________ via email. It was always ________ this.

06 Can you ________ Rachel that we're ________ late?

07 I'd say if you pay ________ 10 days you can ________ 2%.

08 Can you give us a ________ if we pay ________ ________?

09 Why do I get all the ________? They'd know I'm not to ________.

10 We were not ________ with your quote. That's why you got ________. Plain and simple.

01 depends on, more 02 write up, benefits 03 person 04 impression
05 order, like 06 text, running 07 within, save 08 discount, in full 09 hassle, blame for 10 happy, rejected

071 | We need a down payment.

MP3 071

계약금을 받아야 합니다.

계약금은 실무에서 '착수금', '선수금' 등으로 불리기도 합니다. 판매자 입장에서는 어떻게든 계약금을 받기를 원할 것이고, 구매자 입장에서는 계약금 지급을 안 하거나 최대한 적게 지급하려고 하죠.

A **Can we [1] discuss the payment terms?**

B **Sure. We need a down payment.**

A **Well, there are others who [2] are willing to do this job without one.**

B **But I'm sure we [3] do a better job than them. We're asking for a 30% down payment.**

A **What if we pay you 10% in advance?**

B **[4] It has to be at least 30%. That's the bottom line.**

A 결제 조건에 관해 얘기해볼까요?
B 물론이죠. 착수금을 받아야 합니다.
A 글쎄요. 착수금 없이 이 일을 기꺼이 하겠는 다른 분들이 계셔서요.
B 하지만 저희가 그분들보다 일을 훨씬 잘하잖아요. 착수금 30%를 요청드립니다.
A 착수금으로 10%를 드리면 어떨까요?
B 최소 30%는 되어야 합니다. 그 이하로는 안 돼요.

더 다양하게 말하는 표현

Extras +

■ **'계약금'의 여러 가지 표현**

contract payment(amount)라고는 하지 않는 것에 유의하자.

1) **down payment** 계약을 하기 위해 처음 만나서 테이블 위에 내려놓아야(put down) 하는 돈
2) **upfront payment** 위(up)로 앞에다가(front) 들이미는 돈
3) **initial payment** 최초로 내는 돈
4) **advance payment** 미리 내는 돈(payment in advance)

발음팁 [위 니드 어 다운 페이먼ㅌ] We need a down payment.

'계약금'을 나타내는 down이라는 단어가 중요하니 down의 '다'를 강조합니다.

대화로 기억하세요.

Short **Talks +**

1 **discuss the payment terms** 결제 조건에 대해 논의하다

A We're ready to discuss the payment terms.

B Can you pay 10% now and the rest over the next six months? 25th of each month would be good for us.

A 이제 결제 조건에 대해 논의할 준비가 됐습니다.

B 지금 10% 그리고 나머지를 6개월에 걸쳐 내시는 것이 어떨까요? 매월 25일이 저희한테는 좋을 것 같습니다.

2 **be willing to+동사원형** 기꺼이 ~를 하고자 하다

A If you can't make up your mind today, we're willing to come again with better options.

B I don't think you have to. As long as it's under $2,000 a month, you have the deal.

A 오늘 결정을 내리기 힘드시면 다음 번에 더 나은 옵션을 들고 기꺼이 찾아뵙도록 하겠습니다.

B 그러실 필요 없을 것 같아요. 월 2,000달러 이하이기만 하면 계약할게요.

3 **do a better job than sb** ~보다 일을 잘하다

A I don't have an idea who does a better job than the rest.

B Let's go with Makman. At least they don't have a bad reputation.

A 어떤 업체가 나머지보다 일을 잘하는지 잘 모르겠어요.

B 막만사로 하시죠. 거기는 적어도 평판이 나쁘진 않네요.

4 **It has to be at least+수치** 최소 ~는 되어야 합니다

A Can you build the facility in 6 months' time?

B We can't make it that short. It has to be at least 12 months. That's our policy.

A 6개월 후 시설을 완성할 수 있나요?

B 그렇게 짧게는 안 됩니다. 최소 12개월은 되어야 합니다. 그게 저희 정책이에요.

자주 쓰는 단어 **Voca**

payment term 결제 조건
in advance 미리
make up one's mind 결정을 내리다
reputation 평판
facility 시설

072 | I'll leave it to you. 알아서 해주세요.

MP3 072

당신이 결정하십시오. 즉, 판단과 결정을 상대방에게 맡기겠다는 뜻입니다. 의사결정을 위임할 때 쓰는 표현입니다.

A Which color do you prefer? Yellow or orange?

B Orange would look better.

A Which format do you want me to use? A, K or P?

B [1] I'll leave it to you. Just choose one you think that [2] suits best.

A Format K would look good, right?

B [3] Don't make me a control freak. [4] You've done this long enough.

A 어떤 색을 선호하세요? 노란색 아니면 오렌지색?
B 오렌지색이 더 나아 보이네요.
A 어떤 포맷을 제가 사용했으면 하나요? A, K 또는 P?
B 알아서 해주세요. 가장 잘 어울린다고 생각하시는 걸로 골라주세요.
A 포맷 K가 괜찮겠죠?
B 저를 통제광(완벽주의자)으로 만들지 마세요. 이 일 오래 하셨잖아요.

더 다양하게 말하는 표현

Extras +

■ **위임 관련 추가 표현**

It's up to you. 당신에게 달려있습니다.(당신 하기 나름입니다.)
Can you take care of the rest? 나머지는 알아서 해주시겠어요?

□ **덕후 freak**

freak은 집착하는 사람, 광적으로 관심이 많은 사람, 즉 덕후를 의미한다.
baseball freak 야구 덕후
fitness freak 헬스 덕후
control freak 사사건건 간섭하는 사람(직장상사, 동료, 배우자, 이성 친구 등 누구든 가능)

발음팁 [아일 리브 잇 투 유] I'll leave it to you.

'맡기다' leave와 '당신' you가 중요하니 leave의 '리'와 you의 '유'를 강조합니다.

대화로 기억하세요.

Short **Talks +**

1 **I'll leave it to you** 알아서 (처리)해주세요.

A Do you have the time to go over the proposal?

B I'll leave it to you. I'm sure you'll do a good job.

A 제안서를 봐주실 시간 있으세요?

B 알아서 처리해주세요. 잘하실 것이라 믿습니다.

2 **suit (sb) best** (~에게) 가장 잘 어울리다

A Which one shall we go with?

B The blue shirt suits you best. You should go with it.

A 어떤 거로 고를까요?

B 푸른색 셔츠가 당신한테 가장 잘 어울려요. 그걸로 하시죠.

3 **Don't make me+형용사 or 동사원형**

저를 ~하게 하지 마세요.

A So, the CEO borrowed 200 million from the CFO, right?

B Don't make me laugh. That's totally nonsense.

A 그래서 대표이사님이 재무이사님으로부터 2억을 빌렸다고요?

B 웃기지 마세요. 그거 완전 헛소리예요.

4 **You've done this long enough** 이 일 오래 하셨잖아요

A Do you know what the solution is? I just can't find one.

B Come on. You're asking me? You've done this long enough.

A 해결책이 뭔지 아세요? 도대체 찾을 수가 없어요.

B 아 참. 저한테 물어보시는 거예요? 이 일 오래 하셨잖아요.

자주 쓰는 단어 **Voca**

proposal 제안서
go with sth ~을 받아들이다
borrow 빌리다, 차입하다
solution 해결책 솔루션
CFO(Chief Financial Officer) 재무책임자, 재무이사
CEO(Chief Executive Officer) 최고경영자, 대표이사

073 | We need to cut prices.

MP3 073

가격을 내려야 합니다.

사업상 어떤 것을 구매할 때는 항상 가격을 깎을 방법을 고민합니다. 가격을 내리기 위해 협상이 필요할 때 이렇게 말해보세요.

A How much is the purchase price of the part SBN?

B It's 30 euros per kilo.

A Was it that high? **We need to cut prices.**

B It's an essential part. [1] It doesn't look easy.

A We've been [2] buying these at the same price for the last 3 years. It seems our company's [3] money is leaking.

B I see what you mean. I'll [4] reach out to the vendor.

A 부품 SBN 매입가격이 얼마인가요?
B 킬로당 30유로입니다.
A 그렇게 높았나요? 가격을 내려야 합니다.
B 이게 필수 부품이라서요. 쉽지 않아 보이는데요.
A 3년째 같은 가격에 구입해 오고 있어요. 회삿돈이 새고 있는 것 같아요.
B 무슨 말씀인지 알겠습니다. 공급사 측에 연락해볼게요.

더 다양하게 말하는 표현

Extras +

■ **가격 깎을 때 쓰는 추가 표현**
We need to lower the price. 가격을 내려야 합니다.
The price went down. 가격이 내렸어요.

□ **leak 관련 표현**
The pipe is leaking. 파이프에서 물이 새요.
The information has been leaked to the press. 언론에 정보가 새어나갔어요.

● **'사기치다/돈 떼이다' 관련 표현**
He took my money! 걔 나한테 사기쳤어!
I lost my money. 저 돈 떼였어요(돈 날렸어요, 사기당했어요).

발음팁 [위 니드 투 컷 프롸이씨스] We need to cut prices.

'내리다' cut과 '가격' price가 중요하니 cut의 '컷'과 price의 '프'를 강조합니다.

대화로 기억하세요.

Short **Talks +**

1 **It doesn't look easy** 쉽지 않아 보여요

A Duties, customs fee, VAT, etc, there are too many expenses.

B It doesn't look easy to find ways to minimize them.

A 관세, 통관수수료, 부가가치세 등, 비용이 너무 많아요.

B 이런 비용들을 최소화하는 방법을 찾기는 쉽지 않아 보여요.

2 **buy sth at+가격** ~를 얼마에 구입하다

A I bought this laptop at 5,000 dollars.

B That sounds like a rip-off.

A 이 노트북 5,000달러에 샀어요.

B 바가지 쓴 거 같은데요.

3 **Money is leaking** 돈이 새고 있어요

A Did you know we're paying the bookkeepers far more than the industry average?

B Really? I didn't know that our money was leaking. How much does the industry pay in average?

A 저희가 기장업체에 업계 평균보다 돈을 훨씬 많이 주고 있다는 것 알고 있었어요?

B 정말요? 저희 돈이 새고 있는 줄 몰랐습니다. 업계 평균적으로는 얼마 주나요?

4 **reach out to sb** ~에게 연락을 취하다

A I've been reaching out to Company Baram and they're gone. No one's answering.

B Oh, gosh. We just can't lose money like this.

A 바람사에 연락을 계속 취했는데요, 여기 날랐는데요. 아무도 전화를 안 받아요.

B 아 이런, 이렇게 돈 떼이면 안 되는데.

자주 쓰는 단어 **Voca**

VAT(Value Added Tax) 부가가치세
leak (액체, 정보, 돈 등이) 새다, 유출되다
rip-off 바가지(물품)
industry average 업계 평균
lose money 돈 잃어버리다, 돈 날리다, 돈 떼이다

074 | There are four of us. 저희 네 명인데요.

MP3 074

식당이나 바 같은 곳에 들어가면 종업원이 일행이 몇 명인지 물어보죠. 이때 대답하는 말입니다. 종업원이 묻기 전에 먼저 이렇게 알려주는 것도 좋습니다.

A Hello, [1]there are four of us.

B Good evening! [2]This way, please. Is this table alright for you?

A Great, thanks.

B Hello, ladies and gentlemen. My name is Katherine and I'm your server tonight.

A [3]Could I have the menu, please?

B Sure, there you go. [4]Be right back with you soon.

A 안녕하세요. 저희 4명인데요.
B 안녕하세요! 이쪽입니다. 이 테이블 괜찮으신가요?
A 좋아요. 감사합니다.
B 안녕하세요, 여러분. 저는 캐서린이고 오늘 담당 서버입니다.
A 메뉴판 좀 주시겠어요?
B 물론입니다. 여기 있어요. 잠시 후 다시 올게요.

더 다양하게 말하는 표현

Extras +

■ **인원수 관련 추가 표현**
How many (are in your party)? (일행이) 몇 분인가요?
Do you have a table for six people? 여섯 명 앉을 자리 있나요?

□ **서버 server**
요즘에는 식당 종업원의 성별에 따라 구분해서 쓰는 waiter/waitress보다 server라는 용어가 보편적이다. 식당을 찾은 손님에게 기분 좋고 프로페셔널한 서빙(serving) 경험을 제공하는 것을 중요하게 생각해서 쓰는 표현이다.

발음팁 [데어 아아 포어 어ㅂ 어스] There are four of us.

몇 명인지가 중요하므로 four의 '포'를 강조합니다.

대화로 기억하세요.

Short **Talks +**

1

There are+숫자+of us 저희 ~명입니다

A Good evening! Welcome to Dynamite Pork House! How many?

B There are three of us.

A 안녕하세요! 다이너마이트 돼지집에 오신 걸 환영합니다! 몇 분이세요?

B 저희 세 명이에요.

2

This way, please 이쪽입니다

A Are we finished with the tour? We're getting a little thirsty.

B I'll take you to our canteen now. Follow me. This way, please.

A 투어 끝난 건가요? 약간 목이 마르네요.

B 이번에는 구내식당으로 모시겠습니다. 따라오세요. 이쪽입니다.

3

Could I have sth, please? ~를 좀 주시겠어요?

A Could I have the scissors, please?

B Oh, I'll bring you the tongs as well.

A 가위 좀 주시겠어요?

B 아, 집게도 가져다드릴게요.

4

Be right back with you 다시 올게요

A Excuse me, could I order now?

B Be right back with you. Let me drop this ticket in the kitchen.

A 저기요. 주문할 수 있나요?

B 다시 올게요. 이 티켓 주방에 전달 좀 하고요.

자주 쓰는 단어 **Voca**

pork 돼지고기
canteen 구내식당, 구내매점
scissors 가위(항상 복수형)
tongs 집게(항상 복수형)

075 | Do you have the details?

MP3 075

상세내역 갖고 계신가요?

견적서 산출내역, 급여명세, 계산내역과 같이 항목과 금액 등이 자세히 나온 내역을 요청할 때 쓰는 표현입니다.

A How will sales grow next year?

B [1]The prospects for next year are quite good. We'll be able to [2]make a turnover of 7 billion.

A Is that right? It sounds a bit too aggressive.

B The forecast is that the Mexican market is going to [3]hit big.

A Oh, I see. [4]Do you have the details?

B Let me show you the file with all the formulas in it.

A 내년 매출은 어떻게 성장할까요?

B 내년 전망은 꽤 좋습니다. 매출 70억을 달성할 수 있을 것 같습니다.

A 정말요? 다소 공격적으로 들리는데요.

B 멕시코 시장이 대박을 터트릴 것이라는 예상입니다.

A 그렇군요. 상세내역 있나요?

B 모든 수식이 포함된 파일을 보여드릴게요.

더 다양하게 말하는 표현

Extras +

■ **자료 요청 관련 표현**

Do you have the sales breakdown? 매출 내역 갖고 계신가요?

□ **turnover의 개념**

실무에서는 주로 1번 개념으로 많이 쓴다.

1) 매출
What was the turnover of your business last year? 지난해 하신 사업 매출이 얼마였나요?

2) 이직률(인력 회전율)
The high turnover in the factories has always been an issue. 공장의 높은 이직률은 항상 문제였습니다.

3) 회전율(회계, 재무에서 흔히 쓰임)
AR turnover 매출채권회전율 inventory turnover 재고자산회전율

발음팁 [두 유 해브 더 디테일ㅈ?] Do you have the details?

'가지고 있다' have와 '상세내역' details가 중요하니 have의 '해'와 details의 '디'를 강조합니다.

대화로 기억하세요.

Short **Talks +**

1

The prospects for+미래기간+are ~의 전망은 ~이다

A Moving on to Adam. It's your turn.

B The prospects for next month are pretty good. We already have 5 pre-orders.

A 아담님 순서로 넘어가죠. 당신 차례입니다.

B 다음 달 전망은 아주 좋습니다. 이미 선주문 5건이 들어왔어요.

2

make a turnover of+수치 ~의 매출을 달성하다

A We made a remarkable turnover of 3 million dollars last year.

B Considering the industry average, that is weak.

A 저희는 작년에 3백만 달러의 놀라운 매출을 달성하였습니다.

B 업계 평균을 고려하면 그 정도로는 약해요.

3

hit (it) big 대박을 터트리다

A With the influence of K-POP, our product will certainly hit it big.

B How big of an investment do you think is appropriate?

A 케이팝의 영향으로 저희 제품이 대박을 터트릴 거라 믿어 의심치 않습니다.

B 투자 규모가 얼마이면 적정한 것 같아요?

4

Do you have the details? 상세내역 있나요?

A I'd like to know what these deductions are. Do you have the details?

B I'll send you your payroll ledger.

A 이 공제항목들이 뭔지 알고 싶습니다. 상세내역 있으세요?

B 개인 급여대장 보내드릴게요.

자주 쓰는 단어 **Voca**

formula 수식, 산식
turn 차례
pre-order 선주문
remarkable 놀라울 만한
appropriate 적정한, 적합한
deduction 공제(항목)
payroll ledger 급여대장

Review

한영 영어 말하기 071~075

앞에서 배운 문장을 말해보세요.

표시된 부분이 바로 떠오르지 않는다면 해당 부분으로 돌아가 패턴과 표현을 확인하세요.

01 글쎄요. 착수금 없이 이 일을 기꺼이 하고자 하는 다른 사람들이 있는데요. 071

02 최소 30%는 되어야 합니다. 그 이하로는 안 돼요. 071

03 알아서 해주세요. 생각하시기에 가장 잘 어울리는 것으로 골라주세요. 072

04 저를 통제광(완벽주의자)으로 만들지 마세요. 이 일 오래 하셨잖아요. 072

05 이 노트북을 5,000불에 산 것은 바가지 쓴 거 같은데요. 073

06 바람사에 연락을 계속 취했는데요, 여기 날랐는데요. 아무도 전화를 안 받아요. 073

07 가위랑 집게 좀 주시겠어요? 074

08 다시 올게요. 이 티켓 주방에 전달 좀 하고요. 074

09 내년 전망은 꽤 좋습니다. 70억의 매출을 달성할 수 있을 것 같습니다. 075

10 케이팝의 영향으로 저희 제품이 대박을 터트릴 거라 믿어 의심치 않습니다. 075

영영 영어 말하기 071~075

왼쪽에서 복습한 문장을 영어로 완성해보세요.
문장을 완성하고 다시 한번 입을 열어 말해보세요.

01 Well, there are others who are _________ to do this job without a _________ payment.

02 It has to be at _________ 30%. That's the _________ line.

03 I'll _________ it to you. Just choose one you think that _________ best.

04 Don't make me a control _________. You've done this _________ enough.

05 Buying this laptop _________ 5,000 dollars sounds like a _________.

06 I've been _________ out to Baram and they're gone. No one's _________.

07 Could I have the scissors and _________ please?

08 Be right _________ with you. Let me _________ this ticket in the kitchen.

09 The _________ for next year are quite good. We'll be able to make a _________ of 7 billion.

10 With the influence of K-POP, our product will certainly hit _________.

01 willing, down 02 least, bottom 03 leave, suits 04 freak, long
05 at, rip-off 06 reaching, answering 07 tongs 08 back, drop 09 prospects, turnover 10 (it) big

076 | Could you explain in detail?

MP3 076

자세하게 설명해주시겠어요?

구체적인 내용을 알아야 할 필요가 있을 때 상대방한테 하는 질문입니다. 앞에서는 문서화된 상세내역을 요청하는 표현이었는데, 이번에는 직접 설명을 요청해봅시다.

A [1] Can you tell us a little about your company?

B Our company is the market leader in Korea.

A Oh, I see.

B We also got an award from the government last year. It [2] was even on the news.

A Really? [3] Could you explain in detail?

B We [4] have been chosen by the Korean government to become their major supplier in laptop parts.

A 그쪽 회사에 대해 말씀해주시겠어요?
B 저희 회사는 한국 시장에서 1등을 하고 있습니다.
A 그렇군요.
B 작년에는 정부에서 주는 상도 받았습니다. 뉴스에도 나왔죠.
A 정말요? 자세하게 설명해주시겠어요?
B 저희는 한국 정부의 노트북 부품 주요 공급업체로 선정되었습니다.

더 다양하게 말하는 표현

Extras +

■ **보충설명을 듣고자 할 때 쓰는 표현**
Could you please explain? 설명해주시겠어요?
Could you please explain again? 다시 설명해주시겠어요?
Could you please elaborate? 상세히 풀어서 설명해주시겠어요?

발음팁 [쿠쥬 익스플레인 인 디테일?] Could you explain in detail?

'설명하다' explain과 '자세하게'를 뜻하는 in detail이 중요하니 explain의 '플'과 detail의 '디'를 강조합니다.

대화로 기억하세요.

Short **Talks +**

1 **Can you tell us about sth** ~에 대해 말씀해주시겠어요?

A Can you tell us about your work?

B I mostly do sales management. I also help out with the administration.

A 하시는 일에 대해 말씀해주시겠어요?

B 전 주로 판매관리를 합니다. 행정업무도 도와주고 있어요.

2 **be on the news** 뉴스에 나오다

A Was the company on the news last night?

B Yes. There were some reporters even asking me questions.

A 어젯밤 뉴스에 회사가 나왔나요?

B 네. 저한테도 질문하는 기자들이 있었어요.

3 **Could you explain in detail?** 자세하게 설명해주시겠어요?

A It's hard to understand. Could you explain in detail?

B Let me get a pen for the white-board.

A 이해하기 어렵네요. 자세하게 설명해주시겠어요?

B 화이트보드에 쓸 펜을 가지고 올게요.

4 **be chosen by sb** ~에 의해 선정되다

A BaliBali Delivery Service has been chosen by the executives.

B That's strange. Their service is terrible.

A 임원들에 의해 발리발리 택배사가 선정되었습니다.

B 이상하네요. 거기 서비스 최악인데요.

자주 쓰는 단어 **Voca**

market leader 시장의 선두
award 상, 어워드
laptop part 노트북 부품
help out with sth ~를 도와주다
administration 행정(업무)
delivery service 택배회사
executive 임원

077 | I'm on a tight schedule. 일정이 빡빡해요.

MP3 077

일정이 매우 빡빡할 때 또는 바쁜 척할 때 많이 쓰는 표현입니다. 일을 많이 하고 있는데도 업무가 계속해서 들어온다면 이렇게 말하세요.

A **Where do I sign?**

B **Can you sign here at the bottom?**

A **Certainly. Can I** [1]meet **with your CEO** in person **sometime next week?**

B **Of course. Let me** [2]arrange a meeting**. Today's discussion was a great success, by the way.**

A **I agree.** [3]I should get going. **I'm on a tight schedule.**

B **Oh, that's too bad. We booked a** [4]Chinese place **for lunch.**

A 어디에 서명하면 되죠?
B 여기 하단에 서명해주시겠어요?
A 네. 다음 주쯤 사장님과 직접 만나 뵐 수 있을까요?
B 물론이죠. 자리를 한 번 만들어보겠습니다. 아무튼, 오늘 논의는 성공적이었습니다.
A 동의합니다. 전 이만 가봐야겠는데요. 일정이 빡빡해서요.
B 아, 아쉽네요. 점심 식사로 중국집을 예약해놓았는데요.

더 다양하게 말하는 표현

Extras +

■ **'나 바빠요'와 비슷한 표현**

I have no time. 시간이 없어요.
I have a tight schedule. 일정이 빡빡해요.
I'm kinda busy now. 저 지금 좀 바빠서요. (kinda는 kind of를 줄인 말로 '약간', '좀'이라는 의미)

발음팁 [아임 온 어 타잍 스케줄] I'm on a tight schedule.

'빡빡한'을 뜻하는 tight와 '일정'을 뜻하는 schedule이 중요하니 tight의 '타'와 schedule의 '케'를 강조합니다.

대화로 기억하세요.

Short **Talks +**

1 **meet sb in person** ~를 직접 만나다

A I once met Bill Gates in person.

B Are you serious? What was he like?

A 저 빌 게이츠 직접 만난 적이 있어요.

B 거짓말 아니죠? 어땠어요?

2 **arrange a meeting** 회의를 잡다, 자리를 만들다

A I heard Mr. Bong at Turbo Enterprise has been promoted to the branch manager.

B Let me arrange a meeting with him. He'd be able to pull a few strings for us.

A 터보기업의 봉부장님이 지점장으로 승진했다고 들었어요.

B 제가 자리를 한 번 만들어보겠습니다. 저희한테 유리한 영향력을 행사할 수 있는 분이죠.

3 **I should get going** 전 이만 가봐야겠는데요

A I should get going. It's quarter to already.

B Okay. See you soon. Please say hello to your boss, Mr. Lee.

A 전 이만 가봐야겠는데요. 벌써 45분이에요.

B 네. 조만간 뵙죠. 상사인 이과장님한테도 안부 전해주세요.

4 **국가 형용사+place** ~나라 음식점

A A new Brazilian place is now open!

B They serve a lot of meat, right?

A 새로운 브라질 식당이 문을 열었어요!

B 고기 위주 음식인 거 맞죠?

자주 쓰는 단어 **Voca**

in person (이메일이나 전화를 하지 않고) 직접, 몸소

pull (a few) strings for sb ~에게 유리하게 영향력을 행사하다 / 연줄을 이용하다 / 줄을 대다

quarter to 45분

say hello to sb ~에게 안부를 전하다

078 | Can you arrange a room?

MP3 078

회의실 잡아주시겠어요?

업무를 하다 보면 여러 팀과 해야 하는 회의가 많습니다. 회의실 등을 잡아달라고 부탁하고, 시설, 수용 좌석, 회의자료 등의 디테일도 점검해봅시다.

A We have a meeting at 10:30. [1] Can you arrange a room?

B I booked room No.2. The speakers and the microphone [2] are working fine.

A [3] How many can the room hold?

B It has about 30 seats.

A Good. Don't forget to [4] circulate the agenda when people arrive.

B Certainly. No need to worry.

A 10시 반에 회의가 있어요. 회의실 잡아주시겠어요?
B 2번 회의실 예약했습니다. 스피커랑 마이크 잘 작동됩니다.
A 회의실에 몇 명 들어가나요?
B 의자가 30개 정도 있네요.
A 네. 사람들 도착하면 회의자료 나눠주는 것 잊지 마시고요.
B 알겠습니다. 걱정 안 하셔도 돼요.

더 다양하게 말하는 표현

Extras +

- **회의실 준비 관련 추가 표현**
  Can you have a room ready? 회의실 잡아주시겠어요?
- **회의실 room**
  회의실을 conference room 또는 meeting room이라고 하면 너무 길다. 간단하게 room으로 하는 것이 일반적이다.

발음팁 [캔 유 어뤠인지 어 룸?] Can you arrange a room?

'마련하다' arrange와 '회의실' room이 중요하니 arrange의 '뤠'와 room의 '룸'을 강조합니다.

대화로 기억하세요.

Short **Talks +**

1 **Can you arrange a room?** 회의실 잡아주시겠어요?

A Chinese customers are coming to see us. Can you arrange a room at 4?

B Is there a room you prefer?

A 중국 고객들이 저희 만나러 온답니다. 4시에 회의실 잡아주시겠어요?

B 선호하시는 회의실이 있나요?

2 **sth is working fine** ~가 잘 작동되다

A Let me check. The overhead projector is working fine.

B I guess the remote control is not.

A 확인해 볼게요. 오에이치피는 잘 작동됩니다.

B 리모컨은 아닌 것 같은데요.

3 **How many (people) can the room hold?** 회의실에 몇 명 들어가나요?

A How many people can the room hold? We might need extra chairs.

B 10. Changing the room seems to be better.

A 회의실에 몇 명 들어가나요? 의자가 좀 더 필요할 수 있겠는데요.

B 열 명이요. 회의실을 바꾸는 게 나을 것 같아요.

4 **circulate the agenda** 회의자료를 나눠주다

A Are there any extra copies of the handout?

B No, sorry. The agenda has already been circulated to everyone.

A 회의자료 복사한 거 추가로 더 있나요?

B 죄송하지만 없어요. 회의자료는 이미 모든 분께 나눠드렸습니다.

자주 쓰는 단어 **Voca**

overhead projector(OHP) 오에이치피
remote control 리모컨
agenda 안건, 회의자료
handout 회의자료
circulate 순환하다, 배포하다, 돌리다

079 | This is the top-seller.

MP3 079

이게 가장 잘 나가요.

어느 업종이나 주력상품, 소위 잘 나가는 물건이 있죠? 이런 제품을 소개할 때 쓰는 표현입니다. 잘 나간다는 것은 보유하고 있는 제품군 중에서 가장 많이 팔린다는 의미이기 때문에 top-seller라고 합니다. 흔히 알고 있는 bestseller는 주로 책에 씁니다.

A **May I have a look at that earphone?**

B **Sure.** [1] You made the right choice. [2] This is the top-seller.

A **It's wireless, right?**

B **Yeah.** [3] It's famous for **its unique size. It will fit into your ear perfectly.**

A **Hmm. Not bad.**

B [4] It also comes with **a case designed by a well-known artist.**

A 저 이어폰 볼 수 있을까요?
B 물론이죠. 탁월한 선택을 하셨습니다. 이게 가장 잘 나가요.
A 무선 맞죠?
B 네. 이것은 독특한 사이즈로 유명합니다. 귀에 딱 들어맞을 거예요.
A 흠. 나쁘지 않네요.
B 유명한 예술가가 디자인한 케이스도 같이 드립니다.

더 다양하게 말하는 표현

Extras +

- **'잘 나가는 물건' 관련 표현**
  This sells extremely well. 이거 정말 잘 나가요.
  This is also a big seller. 이것도 잘 나가는 물건이죠.
  This is a steady seller. 이거 꾸준히 나가는 거예요.

발음팁 [디스 이ㅈ 더 탑 쎌러] This is the top-seller.

top-seller의 '탑'을 강조합니다.

대화로 기억하세요.

Short **Talks +**

1 **You made the right choice** 탁월한 선택을 하셨습니다

A Fair enough. I'll accept your offer.

B You made the right choice.

A 좋습니다. 제안을 수락하도록 하겠습니다.

B 탁월한 선택을 하셨습니다.

2 **This is the top-seller** 이게 가장 잘 나가요

A Welcome to Makpal! This is the top-seller. It's on a buy one get one free promotion.

B Can I have 5 sets?

A 막팔에 오신 것을 환영합니다. 이게 가장 잘 나가요. 1+1행사도 하고 있어요.

B 5세트 주시겠어요?

3 **It's famous for sth** 이것은 ~로 유명합니다

A Try it! It's famous for its sour taste.

B Yummy! I'll drop by later.

A 드셔보세요! 이것은 신맛으로 유명합니다.

B 맛있어요! 이따가 다시 들를게요.

4 **It also comes with sth** ~도 같이 드립니다

A This is our new model, Fantasy 11. It also comes with a set of accessories.

B How do you turn this on?

A 이게 저희 새 모델 판타지11입니다. 액세서리 세트도 같이 드립니다.

B 이거 어떻게 켜죠?

자주 쓰는 단어 **Voca**

sour (맛이) 신, 시큼한

accessory 액세서리

turn sth on ~를 켜다

080 | We have them in stock.

MP3 080

현재 재고 보유 중입니다.

현재 고객이나 잠재 고객으로부터 재고에 관한 문의가 들어올 때 사용하세요.

A Hi, I'd like to [1] place an order for 100 Cutie tumblers.

B Okay. Let's see. [2] We have them in stock.

A Great! Do you have Monster tumblers? How many do you have?

B We only have 5 left in stock. They [3] sell like hotcakes!

A I'll take them all.

B Good! [4] The price of Monster tumblers has increased a bit. It's now 40 dollars a piece.

A 안녕하세요. 큐티 텀블러 100개 주문하고 싶습니다.
B 알겠습니다. 조회해볼게요. 현재 재고 보유 중입니다.
A 잘됐네요! 몬스터 텀블러도 있나요? 몇 개 있어요?
B 5개밖에 남지 않았네요. 요새 이거 불티나게 팔리고 있어요!
A 전부 다 주문할게요.
B 알겠습니다! 몬스터 텀블러 가격이 약간 인상되었네요. 현재 개당 40달러입니다.

더 다양하게 말하는 표현

Extras +

■ **재고 보유 관련 추가 표현**

We have 50 units in stock. 재고 50개 보유 중입니다.
We're keeping enough in stock. 재고를 충분히 보유 중입니다.

발음팁 [위 해브 뎀 인 스탁] We have them in stock.

'재고'인 stock이 중요하니 stock의 강세에 맞게 '탁'을 강조합니다.

대화로 기억하세요.

Short **Talks +**

1 **place an order for sth** ~ 주문하다

A There's good news! An order was placed for 200 pallets of toilet paper.

B And the bad news is?

A 좋은 소식입니다! 휴지 200 팔레트 주문이 들어왔어요.

B 나쁜 소식은요?

2 **We have them in stock** 현재 재고 보유 중입니다

A Do you have masks with filters?

B Yes. We have them in stock. You need to hurry, though. There are many people looking for them.

A 필터 달린 마스크 있나요?

B 네. 현재 재고 보유 중입니다. 그런데 빨리 오셔야 할 거 같아요. 찾는 사람들이 많아요.

3 **sth sell like hotcakes** ~가 불티나게 팔리다(잘 나가다)

A You see this? Honey butter chips. They were selling like hotcakes back in the day.

B Yeah, I remember. Some people were even selling its smell in a plastic bag on Korean Craigslist.

A 이거 좀 보세요. 허니버터칩이에요. 예전에 이거 진짜 잘 나갔는데.

B 네 기억하죠. 심지어 한국 중고나라에서는 어떤 사람들이 그 냄새를 봉지에 넣어서 팔기도 했어요.

4 **The price has increased by+수치**
가격이 ~만큼 인상되었습니다

A Is the price correct? I remember it was $19 a piece.

B The price has increased by 2 dollars. It's due to the increasing costs of raw materials.

A 가격이 맞나요? 제 기억으로는 한 개에 19달러였는데요.

B 가격이 2달러 인상되었습니다. 원재료비 상승 때문입니다.

pallet 팔레트(화물 받침대)
sell like hotcakes 불티나게 팔리다
back in the day 예전에
Craigslist 크레이그리스트(미국의 중고 나라)
cost of raw material 원재료비

Review

한영 영어 말하기 076~080

앞에서 배운 문장을 말해보세요.

표시된 부분이 바로 떠오르지 않는다면 해당 부분으로 돌아가 패턴과 표현을 확인하세요.

01 저희는 한국 정부의 노트북 부품 주요 공급업체로 선정되었습니다. 076

02 저희 회사는 한국 시장에서 1등하고 있어요. 076

03 전 이만 가봐야겠는데요. 벌써 45분이에요. 077

04 아 아쉽게 됐네요. 점심 식사로 중국집을 예약해 놓았는데요. 077

05 사람들 도착하면 회의자료 나눠주는 것 잊지 마시고요. 078

06 회의실에 몇 명 들어가나요? 의자가 좀 더 필요할 수 있겠는데요. 078

07 이게 가장 잘 나가요. 1+1행사도 하고 있어요. 079

08 이것은 독특한 사이즈로 유명합니다. 귀에 딱 들어맞을 거예요. 079

09 좋은 소식입니다! 휴지 200 팔레트 주문이 들어왔어요. 080

10 가격이 2불 인상되었습니다. 원재료비 상승 때문입니다. 080

영영 영어 말하기 076~080

왼쪽에서 복습한 문장을 영어로 완성해보세요.
문장을 완성하고 다시 한번 입을 열어 말해보세요.

01 We have been ________ by the Korean government to become their ________ supplier in laptop parts.

02 Our company is the market ________ in Korea.

03 I should get going. It's already quarter ________.

04 Oh, that's too ________. We booked a Chinese ________ for lunch.

05 Don't forget to ________ the agenda when people ________.

06 How many can the room ________? We might need ________ chairs.

07 This is the top-seller. It's on a buy one ________ ________ free promotion.

08 It's famous for its ________ size. It will fit into your ear ________.

09 There's good news! An order was ________ for 200 pallets of ________ paper.

10 The price has increased ________ 2 dollars. It's due to increasing costs of ________ materials.

01 chosen, major 02 leader 03 to 04 bad, place
05 circulate, arrive 06 hold, extra 07 get-one 08 unique, perfectly 09 placed, toilet 10 by, raw

081 | The delivery takes 14 days.

MP3 081

배송은 14일 걸립니다.

판매자 입장에서 고객에게 배송 기간을 안내할 때 쓰는 표현입니다.

A [1] The delivery takes 14 days. Is that right?

B The period [2] may vary. I'll keep you posted.

A When can I expect the first notice?

B Picking and shipping will be complete within 5 days. [3] Will email you once the shipping is complete.

A Good. [4] Please make sure we have the goods this month. This is very important.

B Certainly. I'll take care of it.

A 배송이 14일 걸리는 거 맞죠?
B 기간은 달라질 수 있습니다. 계속 알려드릴게요.
A 첫 알림을 언제 받을 수 있을까요?
B 선별 및 선적은 보통 5일 이내에 됩니다. 선적이 완료되는 대로 이메일 보내드릴게요.
A 알겠습니다. 이번 달 중에는 꼭 물건을 받을 수 있게 해주세요. 아주 중요합니다.
B 그럼요. 신경쓰겠습니다.

더 다양하게 말하는 표현

Extras +

- **변하다 change vs. vary**
  둘 다 '변하다'라는 의미지만, change는 '다른 것으로 변한다'는 뉘앙스가 있고, vary는 '시간, 무게 등 이 일정한 한도 내에서 변하다'라는 뉘앙스가 있다.

발음팁 [더 딜리버리 테익스 포어틴 데이즈] The delivery takes 14 days.

배송 delivery의 '리' 그리고 숫자 14가 중요하니 fourteen의 '포'를 각각 강조합니다.

대화로 기억하세요.

Short **Talks +**

1 **The delivery takes+기간** 배송이 ~ 걸리다

A You are in Jejudo. That's why the delivery takes about 4 days.

B Is there a way I can get my order earlier than that?

A 제주도에 계시는군요. 그래서 배송이 나흘 걸리는 것입니다.

B 그보다 빨리 받아볼 방법이 있을까요?

2 **sth may vary** ~가 달라질 수 있다

A So, the estimate of the severance pay amounts to 2 billion won, right?

B The results may vary depending on the assumptions.

A 그래서 퇴직금의 추정치는 20억 원이라는 거죠?

B 결과는 가정에 따라 다르게 나타날 수 있습니다.

3 **Will email you once ~** ~하는 대로 이메일 보내드릴게요

A Are you still working on it? The closing is due today.

B Will email you once I'm done with it.

A 아직도 이거 하고 있어요? 마감이 오늘인데요.

B 끝내는 대로 이메일 보내드릴게요.

4 **Please make sure ~** ~를 꼭 챙겨주세요

A Please make sure there are no mathematical errors on the report.

B Yes. I remember the client going really mad last time.

A 보고서에 산식 오류 없도록 꼭 챙겨주세요.

B 네. 지난번에 고객이 엄청나게 화냈던 기억이 나네요.

자주 쓰는 단어 **Voca**

estimate 추정치
severance pay 퇴직금
assumption 가정
closing 마감
mathematical 수학의
go mad 화내다, 난리 치다
picking 선별
shipping 선적

082 | I'm asking for a refund.

MP3 082

환불 부탁드릴게요.

고장, 배송오류, 변심 등의 이유로 구매한 물건에 대한 환불을 요청해야 할 때 이렇게 하세요. 이메일에서도 쓸 수 있는 표현입니다.

A We [1] received our order today and some are not working.

B Can you give me further details?

A I ordered 5 translator devices and two of them aren't working properly. They [2] work on and off.

B Do you want to [3] exchange them for the same items?

A No. [4] I'm asking for a refund.

B Can you return the two first? I'll have your refund registered then.

A 오늘 주문한 물건을 받았는데요, 작동 안 되는 것들이 있어요.
B 좀더 구체적으로 말씀해주시겠어요?
A 통역기 5개를 주문했는데 2개가 제대로 작동을 안 해요. 됐다 안됐다 합니다.
B 같은 물건으로 교환하시겠어요?
A 아니요. 환불 부탁드릴게요.
B 우선 그 두 개를 반품해주시겠어요? 그러고 나서 환불 등록해드리겠습니다.

더 다양하게 말하는 표현

Extras +

■ **환불 관련 표현**

Can I get a refund? 환불 가능한가요?
I'd like to have a refund. 환불을 받았으면 합니다.
I'm asking for my money back in full. 낸 돈을 전액 돌려받았으면 합니다.
This cannot be refunded. 이것은 환불 불가능합니다.

발음팁 [아임 **애**스킹 포 어 **뤼**펀드] I'm asking for a refund.

'부탁하다' ask와 '환불' refund가 중요하니 ask의 '애'와 refund의 '뤼'를 강조합니다.

대화로 기억하세요.

Short **Talks +**

1 **receive one's order** ~가 주문한 물건을 받다

A What can I help you with today?

B I didn't receive my order. It's been 2 weeks since I placed it.

A 오늘 무엇을 도와드리면 될까요?

B 제가 주문한 물건을 받지 못했어요. 주문한 지 2주가 됐습니다.

2 **work on and off** 작동이 됐다 안됐다 하다

A I got a second-hand phone and it's really annoying. It works on and off.

B Did you lose your phone?

A 중고폰 하나 샀는데 정말 짜증 나요. 작동이 됐다 안됐다 합니다.

B 전화기 잃어버렸어요?

3 **exchange A for B** A를 B로 교환하다

A I received the package and found out it was open.

B Do you want to exchange it for a new one?

A 택배를 받았는데 열려 있네요.

B 새 것으로 교환해드릴까요?

4 **I'm asking for a refund** 환불 부탁드릴게요

A Hi, I'm asking for a refund on these items. I don't think I need them.

B Sure. Do you have the credit card that you bought these with?

A 안녕하세요. 이 물건들 환불 부탁드려요. 필요가 없는 것 같아서요.

B 해드릴게요. 구입하실 때 사용하신 신용카드 있나요?

사수 쓰는 단어 **Voca**

register 등록하다

on and off 오락가락하는, 켜졌다 꺼졌다 하는, 됐다 안됐다 하는

annoying 짜증 나는

package 포장, 상자, 택배

second-hand 중고의(두 번째 손을 타게 되는)

083 | The business has been slow.

MP3 083

장사가 잘 안됐어요.

'최근 회사 사정이 안 좋았다', '실적이 안 좋았다' 등 회사의 안 좋은 상황을 언급할 때 형용사 slow를 사용해보세요.

A [1] How's the business doing?

B **The business has been slow.** [2] Fewer people are coming to the mall these days.

A That's not good. How bad is it?

B We [3] reached an all-time low in the first quarter.

A Is there a certain reason for it?

B The virus that spread across the nation [4] had the biggest impact.

A 장사 잘되나요?
B 장사가 잘 안됐어요. 쇼핑몰에 오는 사람들이 요새 들어서 더 적어졌어요.
A 안 좋군요. 얼마나 심각한가요?
B 1분기에 역대 최저실적을 찍었어요.
A 특별한 이유가 있나요?
B 전국에 번진 바이러스 영향이 가장 컸죠.

더 다양하게 말하는 표현

Extras +

■ **역대 최저(고)치 an all-time low(high)**
'역대 최저(고)치'를 뜻하는 an all-time low(high)에서 low와 high는 명사로 쓰였다.

□ **장사 관련 표현**
The business is dead. 장사 망했어요.
The business isn't bad. 장사가 안되는 건 아니에요.
The business has been good. 장사가 잘됐어요.
The business has been excellent(thriving). 장사가 대박이었어요.

● **social media vs. SNS**
영미권에서는 social media라고 한다. SNS(Social Networking Service)는 영어권에서 일반적으로 쓰이는 용어가 아니다.

발음팁 [더 비즈니스 해ㅈ 빈 슬로우] The business has been slow.

'장사' business와 '안 되다' slow가 중요하니 business의 '비'와 slow의 '슬'을 강조합니다.

대화로 기억하세요.

Short **Talks +**

1 **How's the business doing?** 장사 잘되나요?

A How's the business doing?

B Fantastic! Everything is selling like mad.

A 장사 잘되나요?

B 대박이에요! 모든 게 불티나게 팔리고 있어요.

2 **fewer+명사** 더 적은 ~

A Compared to the same period last year, fewer people are coming into our website.

B How about doing an online ad on social media?

A 작년 같은 기간에 비해 더 적은 사람들이 우리 홈페이지에 방문하고 있어요.

B SNS에 온라인 광고를 해보는 건 어떨까요?

3 **reach an all-time low(high)** 역대 최저(고)실적을 찍다

A Our sales reached an all-time high last year.

B I can see that. But the numbers in the 1st half this year are very poor.

A 저희는 작년에 역대 최고 실적을 찍었습니다.

B 그렇게 보여요. 하지만 올해 상반기 숫자는 아주 빈약한데요.

4 **have the biggest impact** 가장 영향이 크다

A Why are sales declining in the 2nd half?

B The election in June had the biggest impact.

A 하반기 매출이 왜 감소하고 있나요?

B 6월 선거 영향이 가장 컸습니다.

자주 쓰는 단어 **Voca**

thrive 번창하다

sell like mad 불티나게 팔리다

ad 광고(advertisement의 줄임말)

1st half of the year 상반기(1월 초부터 6월 말까지의 기간)

election 선거

084 | I'm afraid you've overcharged us.

MP3 084

과다청구한 것 같아요.

구매자 입장에서 판매자(공급자)로부터 과다한 혹은 부당한 청구서를 받았을 때 쓸 수 있는 표현입니다.

A Hello, Paul! Hope you are doing well.

B Hi, Sydney. I have bad news to tell you. I'm afraid you've [1] overcharged us.

A Exactly which item are you talking about?

B Regarding the installation charges, I think the hours are [2] a bit too much.

A [3] How many hours do you see on the invoice?

B It says 150. [4] This is outrageous.

A 폴님 안녕하세요! 잘 지내시죠?
B 안녕하세요. 시드니님 안 좋은 소식이 있습니다. 과다청구하신 것 같아요.
A 정확히 어떤 항목에 대해 말씀하시는 거죠?
B 설치수수료 관련해서 시간이 다소 과하게 들어가 있는 것 같아요.
A 청구서상 보이는 시간이 얼마예요?
B 150으로 되어 있어요. 이건 말도 안 되죠.

더 다양하게 말하는 표현

Extras +

■ **청구서 관련 표현**

We've been overbilled by $500. 500달러만큼 과다청구를 하셨네요.
You charged us for a wrong item. 잘못된 항목을 청구하셨습니다.
Please deduct $2,000 from our bill. 저희 계산서에서 2,000달러를 공제해주세요.

발음팁 [아임 어프뤠이드 유브 오우버차아지ㄷ 어스] I'm afraid you've overcharged us.

앞에서는 일단 afraid의 '뤠'를 살짝 강조한 후 뒤에서는 '과다청구하다' 뜻의 overcharge가 중요하니 overcharge의 '차'를 강조합니다.

대화로 기억하세요.

Short **Talks +**

1 **overcharge sb by+금액** ~에게 ~를 과다청구하다

A You overcharged me by $300. I assume this is just an error.

B You asked us to do extra work this time. Remember?

A 제게 300달러 과다청구하셨네요. 단순 오류인 걸로 추정됩니다.

B 이번에 추가 작업을 의뢰하셨잖아요. 기억하시죠?

2 **a bit too much** 다소 과하게

A The amount of data you're asking us seems to be a bit too much.

B I thought your team could handle it.

A 저희한테 요청하시는 데이터의 양이 다소 과하게 느껴지네요.

B 그쪽 팀에서 소화할 수 있을 거라고 생각했어요.

3 **How many hours do you see?** (청구서 등에) 보이는 시간이 얼마예요?

A Is there something wrong with my timesheet?

B How many hours do you see? Are you sure you worked for 20 hours a day for three days in a row?

A 근무시간 기록표에 뭐 이상한 게 있나요?

B 보이는 시간이 얼마예요? 3일 연달아 매일 20시간씩 일하신 게 확실한가요?

4 **This is outrageous** 이건 말도 안 되죠

A Take a look. They have shirts starting from $300 a piece.

B This is outrageous. Let's get outta here.

A 이거 좀 보세요. 셔츠 한 장에 300달러부터 시작해요.

B 이건 말도 안 되죠. 나갑시다.

자주 쓰는 단어 **Voca**

installation 설치
in a row 연달아
outrageous 너무나 충격적인
outta out of의 줄임말

085 | You need it by when?

MP3 085

언제까지 필요하세요?

고객이 물건을 필요로 하는 기한을 확인하는 질문으로, 결국 언제까지 배송할지 묻는 표현입니다.

A Hope you liked the samples!

B [1]Can you have these shipped to our office? We'd like to study them. Payment on delivery [2]would be perfectly fine for us.

A No problem. We'll pay for the shipping costs.

B Good. Appreciate it.

A [3]You need it by when?

B Is next Tuesday possible? There's [4]an important meeting on Wednesday.

A 샘플이 마음에 드셨으면 좋겠습니다!
B 이거 저희 사무실로 보내주실 수 있나요? 연구를 해봐야겠습니다. 착불로 보내주셔도 무방합니다.
A 물론이죠. 운송비는 저희가 부담하겠습니다.
B 네. 감사합니다.
A 언제까지 필요하세요?
B 다음 주 화요일 가능한가요? 수요일에 중요한 회의가 있어서요.

더 다양하게 말하는 표현

Extras +

■ **마감 시한 관련 추가 표현**
When is it due? 언제 마감인가요?
When do you need it by? 언제까지 필요하세요?

□ **최대한 빨리 ASAP**
As Soon As Possible(최대한 빨리)을 줄여 쓴 말로, [에이에스에이피] 혹은 [에이샙]으로 한다. [아삽]이라고 하지 않는 것에 유의하자.

발음팁 [유 니드 잇 바이 웬?] You need it by when?

'언제까지'를 by when이 중요하니 by when의 '웬'을 강조합니다.

대화로 기억하세요.

Short **Talks +**

1

Can you have sth shipped to+장소? ~로 보내주실 수 있나요?

A Can you have the items shipped to our warehouse?

B You should pay the shipping costs first.

A 물건을 저희 창고로 보내주실 수 있습니까?

B 선적 비용을 우선 결제해 주셔야 합니다.

2

sth would be perfectly fine ~도 무방합니다

A Mind if you show up tomorrow morning at 7:30?

B It'd be perfectly fine.

A 내일 아침 7시 30분에 출근해도 괜찮으시죠?

B 전혀 문제없습니다.

3

You need it by when? 언제까지 필요하세요?

A The customer information you mentioned. You need it by when?

B ASAP. We can't afford to run behind schedule.

A 말씀하신 고객정보 관련해서요. 언제까지 필요하세요?

B 최대한 빨리요. 일정에 뒤처지면 안 되죠.

4

an important meeting 중요한 회의

A This is a very important meeting. You should have a suit and a tie on.

B Can I borrow one of your spare ties?

A 이 회의는 아주 중요해요. 양복이랑 넥타이 착용하셔야 합니다.

B 남는 넥타이 하나 빌릴 수 있을까요?

자주 쓰는 단어 **Voca**

show up (약속 장소, 회사 등 예정된 곳에) 나타나다, 출근하다

run behind schedule 일정에 뒤처지다

spare 남는, 여분의

payment(cash) on delivery 착불

Review

한영 영어 말하기 081~085

앞에서 배운 문장을 말해보세요.

표시된 부분이 바로 떠오르지 않는다면 해당 부분으로 돌아가 패턴과 표현을 확인하세요.

01 결과는 가정에 따라 다르게 나타날 수 있습니다. 081

02 이번 달 중에는 꼭 물건을 받을 수 있게 해주세요. 이것은 아주 중요합니다. 081

03 통역기기 5개를 주문했는데 2개가 제대로 작동을 안 해요. 됐다 안 됐다 합니다. 082

04 구입하실 때 쓰신 신용카드 있으세요? 082

05 1분기에 역대 최고실적을 찍었어요. 083

06 작년 같은 기간 대비 들어오는 사람들이 더 줄어들었어요. 083

07 3일 연달아 매일 20시간씩 일하신 게 확실한가요? 084

08 제게 300불 과다청구하셨네요. 단순 오류일 거라 추정됩니다. 084

09 물건을 저희 창고로 보내주실 수 있나요? 선적 비용은 결제하도록 하겠습니다. 085

10 착불로 보내주셔도 무방합니다. 085

영영 영어 말하기 081~085

왼쪽에서 복습한 문장을 영어로 완성해보세요.
문장을 완성하고 다시 한번 입을 열어 말해보세요.

01 The results may ________ depending on the ________.

02 Please make ________ we have the goods this month. This is very ________.

03 I ordered 5 translator devices and two of them aren't working ________. They work ________ off.

04 Do you have the ________ card that you bought these ________?

05 We reached an ________ high in the first quarter.

06 Compared ________ the same period last year, ________ people are coming in.

07 Are you sure you worked for 20 hours ________ day for three days in a ________?

08 You overcharged me ________ $300. I ________ this is just an error.

09 Can you ________ the items shipped to our warehouse? We'll pay the ________ costs.

10 Payment on ________ would be perfectly ________ for us.

01 vary, assumptions 02 sure, important 03 properly, on and 04 credit, with
05 all-time 06 to, fewer 07 a, row 08 by, assume 09 have, shipping 10 delivery, fine

086 | Can we close the deal? 계약하실까요?

MP3 086

close the deal을 직역하면 '거래를 닫다=거래를 마무리하다'니까 결국 '계약을 하다'가 되죠. 즉, 더 이상 질질 끌지 않고 거래를 성사시키고자 할 때 쓰는 표현입니다. 가격, 수량, 납기, 품질 등에 대해 충분히 협의한 후 서로 거래할 의향이 있다고 판단했을 때 최종적으로 쐐기를 박는 질문입니다.

A **Any further questions?**

B **No, [1] that'd be all.**

A **[2] All issues have been resolved by now. [3] Can we close the deal?**

B **Great. Let's seal the deal!**

A **Please sign here and [4] I'll make a copy for your records.**

B **Let me go get my fountain pen.**

A 추가 질문 있으신가요?
B 아뇨. 그게 다예요.
A 이제 모든 이슈가 해결이 됐네요. 계약하실까요?
B 좋습니다. 거래 확정하시죠.
A 여기 서명해주세요. 그리고 보관을 위해 한 부 복사하겠습니다.
B 제 만년필 가지고 올게요.

더 다양하게 말하는 표현

Extras +

□ **해결하다, 결의하다 resolve**
resolve는 issue와 항상 함께 다니는 동사라고 생각하자. '결의하다'라는 formal한 의미도 있다.
Approval of the financial statements will be resolved at the annual general meeting.
재무제표 승인이 연차정기총회에서 결의될 예정입니다.

● **해결, 결의, 결심 resolution**
resolution은 resolve의 명사형으로, '해결', '결의', '결심'을 뜻한다. 이 중 새해 '결심'으로 가장 많이 쓰인다.
Any resolutions for the new year? 새해 결심하셨어요?

발음팁 [캔 위 클로우즈 더 디을?] Can we close the deal?

'마무리하다' close와 '거래' deal이 중요하니 close의 '클'과 deal의 '디'를 강조합니다.

대화로 기억하세요.

Short **Talks +**

1 **That'd be all** 그게 다예요

A Are you sure you don't want a starter or a dessert?

B No thanks. That'd be all.

A 애피타이저나 디저트는 정말 괜찮으신가요?

B 네 괜찮습니다. 전 됐어요.

2 **resolve an issue** 이슈를 해결하다

A How is the issue with packaging getting along?

B We're discussing it with the Production Department. We'll have the issue resolved hopefully within this week.

A 포장 관련 이슈는 어떻게 되어가고 있어요?

B 생산부서와 현재 협의 중입니다. 아마 이번 주 내로 이슈를 해결할 수 있을 것 같습니다.

3 **close a deal** 계약하다

A We, Latte Group, announce that you have been chosen as one of our vendors. Congratulations!

B This is unbelievable! We're absolutely thrilled to close a deal with a major supermarket like yours.

A 저희 랏떼그룹은 귀사를 저희 공급업자 중 하나로 선정했음을 알려드립니다. 축하합니다!

B 믿을 수가 없네요! 귀사와 같은 주요 슈퍼마켓과 계약할 수 있게 되어 감격입니다.

4 **make a copy** 한 부 복사하다

A About 8 people will turn up at the meeting.

B Can you make ten copies of the agenda?

A 회의에 약 8명이 참석할 예정입니다.

B 안건 10부 복사 해주시겠어요?

자주 쓰는 단어 **Voca**

seal the deal 거래를 확정하다, 계약하다
thrilled 감동한, 아주 신이 난
starter, appetizer 애피타이저
vendor 공급업자

087 | Can you offer a discount?

MP3 087

좀 깎아줄 수 있나요?

바이어로서 판매자와의 협상할 때도, 벼룩시장에서 상인과 흥정할 때도 모두 쓸 수 있는 표현입니다.

A **We can deliver 5,000 units by the 10th of May,** [1] as agreed**.**

B **Can you offer a discount? It is a very large order.**

A **I'm afraid I don't** [2] have the authority to **decide.**

B **You surely can** [3] do better than **this.**

A **Sorry, our pricing policy has changed. I have to** [4] stick to **the policy.**

B **Can I talk to your boss?**

A 협의한 바와 같이, 5월 10일까지 5,000개 보내드릴 수 있어요.
B 좀 깎아줄 수 있나요? 대량 주문이잖아요.
A 죄송하게도 제가 결정할 수 있는 권한이 없어요.
B 이보다 좋은 가격에 주실 수 있잖아요.
A 죄송합니다. 저희 가격 결정 정책이 변했어요. 정책에 따를 수밖에 없네요.
B 상사분이랑 얘기할 수 있을까요?

더 다양하게 말하는 표현

Extras +

■ **구매자(고객) 입장에서 공급자에게 하는 제안 표현**
Do you offer any volume discount? 대량 주문 할인 가능한가요?
Can you extend the payment date? 지급일을 연장할 수 있을까요?
Can you offer something in extra? 추가로 주실 수 있는 것이 있을까요?
Can you offer an extra warranty period? 추가보증 기간을 주실 수 있을까요?

발음팁 [캔 유 오퍼 어 디스카운ㅌ?] Can you offer a discount?

'제안하다' offer와 '할인' discount가 중요하니 offer의 '오'와 discount의 '디'를 강조합니다.

대화로 기억하세요.

Short **Talks +**

1

as agreed 협의한 바와 같이

A Can you please sign here?

B As agreed, we have the right to terminate this contract, if advance payment is not made.

A 여기에 서명해주시겠어요?

B 협의한 바와 같이, 착수금이 입금되지 않는다면 이 계약을 종료할 수 있는 권리가 저희한테 있습니다.

2

have the authority to+동사원형 ~할 권한을 가지다

A What if we shorten the warranty period? Can you go lower on the price?

B I don't have the authority to lower the prices.

A 보증기간을 단축한다면 어떨까요? 가격도 낮춰줄 수 있나요?

B 가격을 낮춰드릴 수 있는 권한이 저한테 없습니다.

3

do better than sth ~보다 잘하다/좋은 조건을 제시하다

A Can we offer you a lump sum payment of 50,000 dollars?

B You'll have to do better than that.

A 일시불로 해서 5만 달러로 제안할 수 있을까요?

B 그것보다 좋은 조건을 제시하셔야 합니다.

4

stick to sth ~를 따르다/고수하다

A Shall we increase production to 2,000 units?

B No, let's stick to the initial plan, 1,000.

A 생산을 2,000개로 늘릴까요?

B 아뇨. 원래 계획대로 가죠. 1,000개요.

자주 쓰는 단어 **Voca**

authority 권한
terminate 종료하다
advance payment 계약금(착수금)
lump sum payment 일시불
initial 원래의, 처음의

088 | Can I track my order?

MP3 088

주문 추적 가능할까요?

주문한 물건이 오지 않으면 직접 배송 추적을 하거나 주문 위치를 판매자에게 물어보지요. 하지만 직접 할 수 없다면 물품을 판매한 회사의 고객센터 등에 주문 추적을 의뢰해보세요.

A **Customer Service. How may I help you today?**

B [1] I'm still waiting for **my order to show up.** [2] Can I track **my order?**

A **Sure. Did you get an email from us after the purchase?**

B **Yes, I did.**

A **A tracking number for your order is updated.** [3] Could you open up **the email again?**

B **Okay.** [4] Looks like **the shipment has begun.**

A 고객서비스입니다. 무엇을 도와드릴까요?
B 제 주문이 아직도 안 와서 기다리고 있어요. 주문을 추적할 수 있을까요?
A 물론이죠. 구입 후 저희로부터 이메일 받으셨나요?
B 네, 받았습니다.
A 주문 추적번호가 업데이트되어 있을 거예요. 이메일 다시 열어보시겠어요?
B 네. 배송이 시작된 것 같군요.

더 다양하게 말하는 표현

Extras +

- **고객센터에 자주 하는 질문 및 요청 표현**
  I cannot use my coupon. 쿠폰 사용이 안 되는데요.
  I'd like to cancel my order. 주문을 취소했으면 합니다.
  Has my order been shipped? 제 주문이 발송됐나요?
  When was my order shipped? 제 주문이 언제 발송됐나요?
  How can I contact the delivery company? 배송업체에 어떻게 연락을 할 수 있나요?

발음팁 [캔 아이 츄랙 마이 오어더?] Can I track my order?

'추적하다' track과 '주문' order가 중요하니 track의 '츄'와 order의 '오'를 강조합니다.

대화로 기억하세요.

Short **Talks +**

1 **I'm still waiting for sth** ~를 아직 기다리고 있어요

A Excuse me, miss. I'm still waiting for my pasta.

B Oh, I'll go check right away. Sorry for the delay.

A 저기요. 제 파스타를 아직 기다리고 있어요.

B 아 바로 가서 확인해 보겠습니다. 늦어져서 죄송해요.

2 **Can I track sth?** ~를 추적할 수 있을까요?

A I think I lost my phone. Can I track it?

B Most phones have the locator function built in them. Let's go to my laptop and find its last location.

A 제 전화기를 잃어버린 것 같아요. 추적할 수 있을까요?

B 대부분 전화기에는 위치추적기능이 탑재되어 있습니다. 제 노트북에 가서 마지막 위치를 확인해 보시죠.

3 **Could you open (up) sth?** ~를 열어(개설해)보시겠어요?

A I don't think we have an account at the Bank of America.

B Could you open up a new account then?

A 뱅크오브아메리카에는 저희 계좌가 없는 것 같아요.

B 그렇다면 새 계좌를 개설하시겠어요?

4 **Looks like ~** ~인 것 같군요 / ~인 느낌이에요

A We have had no replies whatsoever from Baram Company.

B Looks like they're hiding from us.

A 저희는 바람사로부터 그 어떤 답변도 받지 못했습니다.

B 저희를 피하는 느낌이네요.

사무 쓰는 단어 **Voca**

show up (예정된 곳에) 나타나다
tracking number 추적번호
shipment 배송
locator 위치추적
account 계좌
hide 숨다

089 | I cannot eat raw fish. 회를 못 먹어요.

MP3 089

회, 고수, 오이, 당근 등 못 먹거나 알레르기가 있는 음식을 주문하게 되어 난처한 상황이 발생하면 안 되겠죠? 못 먹는 것을 분명히 밝혀 불의의 상황을 예방해봅시다.

A Shall we go for lunch at 12:30?

B Yeah! I was expecting it.

A Do you like sushi? [1] There's a nice place around the corner. They have a lot of side dishes as well.

B [2] I cannot eat raw fish. Sorry. What about Mexican? How does that sound?

A [3] As long as there's no cilantro, I'm perfectly fine.

B Great! There's a Mexican place nearby that I [4] had an eye on.

A 12시 반에 점심 먹으러 갈래요?
B 좋습니다! 기대하고 있었어요.
A 초밥 좋아하세요? 근처에 맛집이 하나 있어요. 사이드 메뉴도 다양하고요.
B 제가 회를 못 먹어요. 죄송해요. 멕시칸은 어때요? 괜찮으세요?
A 고수가 들어있지 않는 한 대환영입니다.
B 좋습니다! 근처 멕시칸 음식점 봐 둔 곳이 있어요.

더 다양하게 말하는 표현

Extras +

■ **'못 먹어요' 추가 표현**

I'm allergic to cucumbers. 오이 알레르기가 있어요.

□ **고수 cilantro vs. coriander**

미국에서는 cilantro가 고수의 잎과 줄기를 의미하고, coriander는 고수의 씨앗을 뜻한다. 미국을 제외한 나머지 국가에서는 coriander가 고수의 잎과 줄기를 말하며, 고수의 씨앗은 coriander seeds라고 부른다. 결론적으로, 고수 농사에 관해 대화하는 게 아니라면 고수는 미국에서는 cilantro, 그 외 국가에서는 coriander로 기억하자.

발음팁 [아이 캐낫 이잇 로 피쉬] I cannot eat raw fish.

'못'에 해당하는 부정어 cannot과 음식 이름인 raw fish가 중요하니 cannot의 '낫', raw fish의 '로' 와 '피'를 강조합니다.

대화로 기억하세요.

Short **Talks +**

1 **There's a nice place around the corner** 근처에 맛집이 하나 있어요

A It's lunchtime. Any recommendations?

B You should try the soondae soup. It's a blood sausage soup, a unique Korean dish. There's a nice place around the corner.

A 점심시간이에요. 추천할 만한 곳 있을까요?

B 순대국을 드셔보세요. 피 소시지 국인데, 한국 고유의 음식이에요. 근처에 맛집이 하나 있어요.

2 **I cannot eat sth** 전 ~를 못 먹어요

A The house salad will be ready right away.

B Excuse me, I cannot eat cucumber. Can you do the salad without it?

A 하우스 샐러드는 바로 준비해 드릴게요.

B 잠시만요. 제가 오이를 못 먹어요. 샐러드에서 오이를 빼주시겠어요?

3 **as long as there's no sth** ~가 들어있지 않는 한

A How would you like your sandwich?

B As long as there's no carrot, it's good.

A 샌드위치를 어떻게 해드릴까요?

B 당근이 들어있지 않는 한 좋습니다.

4 **have eyes(an eye) on sth** 감시하다, 봐두다

A Are you expecting any Christmas presents?

B I want a bag. I've had my eyes on the new product line of BUCCI.

A 크리스마스 선물 받으시나요?

B 가방 받았으면 좋겠어요. 부찌의 신상 라인을 봐두고 있어요.

자주 쓰는 단어 **Voca**

around the corner 길모퉁이 도는 곳에, 근처에
blood sausage 순대
unique 고유의, 특유의
cucumber 오이
carrot 당근
side dish 사이드 메뉴, 반찬

090 | That's been taken care of.

MP3 090

그건 이미 처리됐어요.

더 이상 진행하지 않아도 되는 이슈에 대해서 다른 사람들에게 이미 처리됐음을 알리고 사안을 정리할 때 쓰는 표현입니다.

A Regarding the order on component PKF, I heard some were defective.

B **That's been taken care of.** We returned them and they [1] were replaced with quality ones.

A Good. What about the items we received from Makman?

B There were some items that did not [2] qualify our testing.

A [3] How big is the portion?

B The defect rate approximates to 2%. [4] This doesn't look good.

A PKF 부품 주문 관련 일부 불량이 있다고 들었습니다.
B 그건 이미 처리됐어요. 반품했고 양품으로 교환 받았습니다.
A 알겠습니다. 막만사로부터 받은 물건은 어때요?
B 저희 검사를 통과하지 못한 일부 물건이 있었습니다.
A 비중이 어느 정도인가요?
B 불량률이 2%에 근접합니다. 조짐이 안 좋아요.

더 다양하게 말하는 표현

Extras +

■ **'이미 처리됐어요'의 다른 표현**
That's already been handled.
That's already been processed.
That's already been dealt with.

□ **'처분되다' 추가 표현**
That's already been disposed of. 그것은 이미 처분되었어요

발음팁 [댓스 빈 테이큰 케어 어브] That's been taken care of.

'그것' that과 '처리하다' take care of가 중요하니 that의 '댓'과 care의 '케'를 강조합니다.

대화로 기억하세요.

Short **Talks +**

1 **be replaced with sth** ~로 교환(대체)되다

A Has the car been fixed?

B Yes, the broken glass was replaced with the new ones.

A 차 수리됐나요?

B 네. 부서진 유리를 새 유리로 교환했습니다.

2 **qualify the testing** 검사를 통과하다

A I'm sorry but your product did not qualify the testing.

B Which testing was it? Perhaps compression or vacuum?

A 유감이지만 귀사 제품이 검사를 통과하지 못했습니다.

B 어떤 검사였나요? 아마 압축 또는 진공 검사였을 것 같은데.

3 **How big is the portion?** 비중이 어느 정도인가요?

A How big is the portion of our product?

B It takes up 15% of the market share.

A 저희 제품 비중이 어느 정도인가요?

B 시장점유율의 15%를 차지하고 있습니다.

4 **This doesn't look good** 조짐이 안 좋아요

A Market predictions seem to be too unrealistic.

B I agree. This doesn't look good.

A 시장 예측이 너무 비현실적인 것 같아요.

B 공감합니다. 조짐이 안 좋아요.

자주 쓰는 단어 **Voca**

defective 결함이 있는, 불량인
defect rate 불량률
approximate to sth ~에 근접하다
compression 압축
vacuum 진공
portion 비중
prediction 예측
unrealistic 비현실적인

Review

한영 영어 말하기 086~090

앞에서 배운 문장을 말해보세요.
표시된 부분이 바로 떠오르지 않는다면 해당 부분으로 돌아가 패턴과 표현을 확인하세요.

01 이제 모든 이슈가 해결됐네요. 계약하실까요? 086

02 여기 서명해 주세요. 그리고 보관을 위해 한 부 복사하겠습니다. 086

03 일시불로 해서 5만 달러로 제안할 수 있을까요? 087

04 협의한 바와 같이 계약금이 입금되지 않는다면, 이 계약을 종료할 수 있는 권리가 저희한테 있습니다. 087

05 대부분 전화기에는 위치추적기능이 탑재되어 있습니다. 088

06 제 주문이 아직도 안 와서 기다리고 있어요. 주문을 추적할 수 있을까요? 088

07 가방 받았으면 좋겠어요. 부찌의 신상 라인을 봐두고 있어요. 089

08 고수가 들어있지 않는 한 대환영입니다. 089

09 불량률이 2%에 근접합니다. 조짐이 안 좋아요. 090

10 유감이지만 귀사 제품이 검사를 통과하질 못했습니다. 090

영영 영어 말하기 086~090

왼쪽에서 복습한 문장을 영어로 완성해보세요.
문장을 완성하고 다시 한번 입을 열어 말해보세요.

01 All issues have been _________ by now. Can we _________ the deal?

02 Please sign here and I'll _________ a copy for your _________.

03 Can we offer you a _________ sum payment of 50,000 dollars?

04 As agreed, we have the right to _________ this contract, if _________ payment is not made.

05 Most phones have the locator function _________ in them.

06 I'm still waiting for my order to _________. Can I _________ my order?

07 I want a bag. I've _________ my _________ on the new product line of BUCCI.

08 As long as there's no _________, I'm perfectly fine.

09 The defect rate _________ to 2%. This doesn't look good.

10 I'm sorry but your product did not _________ the _________.

01 resolved, close 02 make, records 03 lump 04 terminate, advance
05 built 06 show up, track 07 had, eyes 08 cilantro(coriander) 09 approximates 10 qualify, testing

091 | That was not the deal.

MP3 091

계약 내용이 그게 아니죠.

사업이나 업무 진행에서 상대방이 계약 혹은 협의한 내용과는 다른 말을 해서 사실 관계를 짚고 넘어가야 할 때가 있죠. 이 표현은 때에 따라서는 '당신 나한테 뒤통수치는 것 아니냐'의 뉘앙스를 줄 수도 있습니다.

A The deal was to pay within 90 days.

B [1]That was not the deal. You were supposed to pay within 30 days.

A I tried to contact you, but…

B You [2]failed to pay us multiple times! This is really upsetting.

A Can I pay you 1,000 today and [3]the rest next week?

B No, [4]you've had enough time. We need the full payment.

A 90일 이내 지급하는 걸로 알고 있는데요.
B 계약 내용이 그게 아니죠. 30일 이내 지급하는 조건이었어요.
A 연락을 드리려고 했는데요….
B 수차례 미지급하셨어요! 이거 때문에 정말 불편하군요.
A 오늘 1000을 드리고 나머지는 다음 주에 드려도 될까요?
B 안됩니다. 시간 이미 충분히 드렸잖아요. 전액 결제가 필요해요.

더 다양하게 말하는 표현

Extras +

■ **결제 관련 추가 표현**
We need to have this paid in full. 전액 결제가 필요해요.

□ **stake의 여러 의미**
stake의 기본 개념은 '내기 등에 건 돈'이다. 다음 세 가지 분류로 알아보자.

1) 리스크, 위험
A lot of money is at stake. 많은 돈이 걸려 있어요.(at stake 위험에 처해있는)

2) 지분
Our stake has come close to 20%. 저희 지분이 20%에 근접하고 있어요.

발음팁 [댓 워ㅈ 낫 더 디일] That was **not** the **deal**.

'아니죠'에 해당하는 not과 '계약' 또는 '거래'를 의미하는 deal이 중요하니 not의 '낫'과 deal의 '디'를 강조합니다.

대화로 기억하세요.

Short **Talks +**

1 **That was not the deal** 계약 내용이 그게 아니죠

A I get 80% and my co-worker gets 20% of the stake.

B That was not the deal. 50:50 was the deal, remember?

A 제가 80%를 갖고 제 동료가 지분의 20%를 갖습니다.

B 계약 내용이 그게 아니죠. 50:50인 것으로 알고 있는데요. 기억하시죠?

2 **fail to pay** 미지급하다

A Looks like Pokmang owes us 700k. Is it still open?

B No, it's actually closed. They have always failed to pay and are now out of business.

A 폭망사가 저희한테 70만을 빚지고 있는 것 같아요. 이거 아직 미해결 상태인가요?

B 아뇨. 사실상 종결된 건이에요. 걔네 여태껏 돈을 낸 적이 없고 현재는 망했어요.

3 **the rest** 나머지

A We will pay you 50% today, and the rest over the next 2 years.

B Can you pay the rest on a quarterly basis?

A 오늘 50%를 드리고 나머지를 향후 2년에 걸쳐서 드릴게요.

B 나머지를 분기별로 지불할 수 있나요?

4 **You've had enough time** 시간 이미 충분히 드렸잖아요

A We are seriously in big trouble. Our profits reached an all-time low.

B You've had enough time. If there's no payment today, we're talking to our lawyers.

A 저희 큰일났어요. 이익이 역대 최저치입니다.

B 시간 이미 충분히 드렸잖아요. 오늘 입금 안 되면 저희 변호사랑 얘기할게요.

3) 이해관계

stakeholder라고 하면 회사의 이해관계자(주주, 채권자, 직원, 주요 고객, 공급자 등)를 말한다.

cf) shareholder 주주

자주 쓰는 단어 **Voca**

stake 지분
owe sb+금액 ~에게 ~를 빚지다
be out of business 망하다
quarterly 분기별
lawyer 변호사

092 | I'm looking for Mr. Sanchez.

MP3 092

산체스 씨 뵈러 왔는데요.

거래처를 방문했을 때 프런트에서 사람을 찾거나 인터폰을 통해 사무실에 전화해서 찾는 사람을 말할 때 쓰는 표현입니다.

A Are you looking for someone?

B Oh, yes. [1] I'm looking for Mr. Sanchez. [2] Am I at the right place?

A Yes, you are. Just a moment. I'll open up the door for you. Please come in.

B Thanks.

A Mr. Sanchez [3] is in a meeting at the moment. Could you wait here a little?

B Sure. [4] Can I use the bathroom?

A 찾는 분 있으신가요?
B 아, 네. 산체스 씨를 뵈러 왔는데요. 여기 맞나요?
A 네 맞습니다. 잠시만요. 문 열어드릴게요. 들어오세요.
B 감사합니다.
A 팀장님께서 지금 회의 중인데요. 여기서 잠시 기다려 주시겠어요?
B 네 알겠습니다. 화장실은 어디인가요?

더 다양하게 말하는 표현

Extras +

■ **방문 관련 추가 표현**
I'm here to see Ms. Gonzalez. 곤잘레스 씨 뵈러 왔는데요.

발음팁 [아임 루킹 포어 미스터 싼체즈] I'm looking for Mr. Sanchez.

look(찾다)와 찾는 대상의 이름 Sanchez가 중요하니 look의 '루'와 Sanchez의 '싼'를 강조합니다.

대화로 기억하세요.

Short **Talks +**

1

I'm looking for sb ~를 만나러 왔어요

A I'm looking for your boss, not you.

B My boss is on a business trip this week. He is not here.

A 그쪽이 아니라 상사분을 뵈러 왔습니다.

B 상사분 이번 주 출장 중입니다. 여기 안 계세요.

2

Am I at+장소? ~에 제가 있는 것이 맞나요?

A I'm not sure where I am. Am I at the building No.10?

B No, you are at the building No.1. Building No.10 is miles away.

A 제가 어디 있는지 모르겠어요. 10번 빌딩에 있는 건가요?

B 아니에요. 여기는 1번 빌딩입니다. 10번 빌딩은 한참 떨어져 있어요.

3

be in a meeting 회의 중이다

A Kevin dropped by about an hour ago.

B I was in a meeting then. Can you tell me what happened?

A 약 한 시간 전에 Kevin이 잠깐 들렀다 갔어요.

B 저 그때 회의 중이었는데요. 무슨 일이 있었는지 알려주시겠어요?

4

Can I use sth? ~를 이용해도 될까요?

A Can I use the laundromat at the basement?

B Sure. The laundromat is open 24/7.

A 지하 코인세탁소 이용해도 될까요?

B 물론이죠. 코인세탁소는 연중무휴 24시간 운영됩니다.

자주 쓰는 단어 **Voca**

open up the door 문을 열어주다
wait a little 잠시 기다리다
business trip 출장
miles away (수 마일에 걸칠 정도로) 한참 떨어져 있는
drop by 잠시 들르다
laundromat 코인세탁소
basement 지하
24/7 연중무휴 24시간 운영되는(하루 24시간 1주 7일 동안)

093 | Do you have any comments?

MP3 093

코멘트 하실 것 있나요?

보통 '코멘트 하시겠어요?'라고 하면 Would you like to comment?를 떠올리기 마련입니다. 하지만 이 표현은 상대방에게 코멘트를 하라고 닦달하는 느낌을 줄 수 있습니다.

A **Do you have any comments?**

B [1]I have a question on **the table at the left.**

A **Go ahead.** [2]Can you **please** make it quick?

B **I don't understand why sales suddenly jump in two years' time.**

A [3]Can you refer to **the appendix? We're** [4]running out of **time.**

B **Right. Is it okay if I call you later?**

A 코멘트 하실 것 있나요?
B 좌측 표 관련 질문 있습니다.
A 말씀하시죠. 빠르게 해주시겠어요?
B 2년 후에 왜 갑자기 매출이 뛰는지 이해가 안 됩니다.
A 부록을 참조해 주시겠어요? 시간이 모자라서요.
B 네. 이따가 전화드려도 괜찮을까요?

더 다양하게 말하는 표현

Extras +

■ **코멘트 관련 추가 표현**
Anything you'd like to add? 추가로 말씀하실 것 있나요?

□ **아포스트로피(') 사용법**
'1년 후' 또는 '2년 후'는 어떻게 말할까. 이때 중요한 점은 아포스트로피(')는 시간 단위가 단수인 경우 s 앞에 오고, 시간 단위가 복수인 경우 s 뒤에 온다는 것이다. 여기서 시간 단위는 year이다. 1년 후와 2년 후를 각각 말해보자.
in a year's time 1년(의 시간) 후
in two years' time 2년(의 시간) 후

발음팁 [두 유 해브 애니 카멘트ㅅ?] Do you have any comments?

have(가지고 있다)와 comment(코멘트)가 중요하니 have의 '해'와 comment의 '카'를 강조합니다.

대화로 기억하세요.

Short **Talks +**

1 **I have a question on sth** ~관련 질문 있습니다

A I'd welcome any questions or comments.

B I have a question on the part colored in red.

A 질문 또는 코멘트 받도록 하겠습니다.

B 빨강색으로 색칠한 부분 관련 질문 있습니다.

2 **Can you make it quick?** 빨리해주실 수 있습니까?

A Hi, Claire. I'm with my kids. Can you make it quick?

B Oh, I cannot find the binder you mentioned.

A 클레어 씨 안녕하세요. 저 아이들이랑 같이 있어요. 빨리 얘기해줄 수 있어요?

B 아, 말씀하신 바인더를 찾을 수가 없어서요.

3 **Can you refer to sth?** ~를 참조해주시겠어요?

A Do you know how I can claim the travel expenses?

B Can you refer to the office note?

A 출장경비를 어떻게 청구하는지 아세요?

B 사내공지를 참조해 주시겠어요?

4 **run out of sth** ~가 모자라다

A We're running out of fuel.

B The next gas station is about 10km away.

A 기름이 모자라요.

B 다음 주유소는 약 10킬로 가야 나오는데요.

자주 쓰는 단어 **Voca**

table 테이블, 표
jump 급증하다
refer to 참조하다
appendix 부록, 맹장
office note(notice) 사내공지
claim travel expenses 출장경비를 청구하다

094 | This product has special features. 이 제품에는 특수한 기능이 있어요.

MP3 094

제품의 장점을 보여주고 어필할 때 쓰는 표현입니다.

A Let me introduce you to our latest item, Makman.

B I like its small size. The design isn't bad, either.

A [1]This product has special features. The fingerprint sensor and large storage space.

B Okay. So, [2]what's the USP?

A We believe the sensor is [3]top-notch.

B The sensor seems to [4]be already out in the market.

A 저희 최신 아이템인 막만을 소개해드리도록 하겠습니다.
B 작은 사이즈가 마음에 들어요. 디자인 역시 나쁘진 않고요.
A 이 제품에는 특수한 기능이 있어요. 지문센서와 대용량 저장공간입니다.
B 네. 그래서 차별화 요소가 뭔가요?
A 센서가 가장 뛰어나다고 저희는 생각합니다.
B 그 센서는 시장에 이미 출시된 것으로 보이는데요.

더 다양하게 말하는 표현

Extras +

- **차별화 요소 USP**
  Unique Selling Point의 약자로, '고유 강점, 차별화 요소, 남들과는 다른 점'을 의미하는 개념으로 매우 흔히 쓰는 말이다.

발음팁 [디스 프라덕트 해즈 스페셜 피처즈] This product has special features.

Special(특수한)과 features(기능)가 중요하니 special의 '스' 와 features의 '피'를 강조합니다.

대화로 기억하세요.

Short **Talks +**

1 **This product has special features** 이 제품에는 특수한 기능이 있어요

A This product has special features. The simple layout and the upgraded durability.

B Are there any others? I was expecting a bit more.

A 이 제품에는 특수한 기능이 있어요. 단순한 레이아웃과 업그레이드된 내구성입니다.

B 추가적인 특수기능이 있나요? 좀더 있을 줄 알았는데요.

2 **What's the USP?** 차별화 요소가 뭔가요?

A Why do I have to hire you? What's your USP?

B My 5-year experience in customer service is my USP. I'm a customer-oriented person.

A 왜 당신을 고용해야 하나요? 차별화 요소가 뭔가요?

B 제 차별화 요소는 고객서비스에서 5년간의 경험입니다. 저는 고객지향적인 사람입니다.

3 **top-notch** 가장 뛰어난, 최고 수준에 있는

A I stayed at the 5 Seasons Hotel during the holiday.

B Isn't that a top-notch hotel? I wish I could stay there someday.

A 휴가 중 5시즌호텔에 묵었어요.

B 거기 하이엔드 호텔 아닌가요? 저도 언젠가 거기 묵을 수 있으면 좋겠네요.

4 **be out in the market** 시판 중이다

A There is no product like this out in the market.

B I'm trying to figure out what the customer benefits really are.

A 시판 중인 제품 중 이런 것은 없습니다.

B 고객의 이익이 과연 무엇인지 파악하고자 하고 있습니다.

자주 쓰는 단어 **Voca**

large storage(backup) space 대용량 저장(백업)공간
durability 내구성
customer-oriented 고객지향적인
notch 등급
someday 언젠가는
figure out 파악하다

095 | The standards are very high.

MP3 095

기준이 매우 까다롭습니다.

충족해야 할 기준, 규제 등이 매우 까다로우니 신경 써 달라는 표현입니다.

A I have one more concern before I make this deal.

B Sure. [1] Just let it out.

A **The standards are very high.** The Korean government is very [2] strict on safety issues.

B I understand. I'll make sure we meet the required specifications.

A Can I really [3] count on you?

B Our staff [4] are very keen to details. We're also prepared to adjust the specs as requested.

A 이 거래를 하기 전에 우려되는 사항이 하나 더 있어요.
B 네. 시원하게 말씀해보시죠.
A 기준이 매우 까다롭습니다. 한국 정부는 안전 문제에 대해 매우 엄격해요.
B 이해합니다. 요구되는 스펙을 충족할 수 있도록 하겠습니다.
A 믿고 맡겨도 괜찮겠지요?
B 저희 직원들은 디테일에 매우 강합니다. 요청하시는 대로 스펙을 조정할 준비가 되어 있기도 합니다.

더 다양하게 말하는 표현

Extras +

■ **strict와 비슷하게 '깐깐하다'는 뜻을 나타내는 형용사**

1) picky 까탈스러운
Mr. Yoo is a very picky eater. 유부장님은 식성이 아주 깐깐해요.

2) meticulous 세심한
Tax officers were very meticulous in going through our books.
세무 공무원들이 저희 장부를 아주 깐깐하게 검토했습니다.

3) fastidious 결벽증이 있을 정도로 작은 것에 집착하는
He is very fastidious about treating a customer. Everything has to be inch-perfect.
그는 고객을 응대하는 데 있어서 지나칠 정도로 깐깐해요. 모든 게 (1인치의 오차도 허용하지 않을 정도로) 완벽하게 되어 있어야 해요.

발음팁 [더 스탠더즈 아아 베리 하이] The standards are very high.

'기준'인 standard와 '까다롭다'의 high가 중요하니 standard의 '탠'과 high의 '하'를 강조합니다.

대화로 기억하세요.

Short **Talks +**

1 **Just let it out** 시원하게 말씀해(내뱉어)보세요.

A Do you think I should really quit?

B What are you waiting for? Just let it out!

A 진짜 때려치워야 할까요?

B 왜 망설이세요? 그냥 지르세요!

2 **be strict on sth** ~에 대해 매우 엄격하다

A Global companies are very strict on quality control.

B You're right. There are not many vendors that go through that process and manage to come out alive.

A 세계적인 기업들은 품질관리에 대해 매우 엄격합니다.

B 그렇죠. 그 과정을 통과하고 살아남는 공급업체가 많지 않은 것 같아요.

3 **count on sb** ~를 신뢰하다(믿고 맡기다)

A Mr. Bibim Son is the CEO's pet. I seriously don't understand why the CEO counts on him.

B I've never seen anyone who's as good a suck-up as he is.

A 손비빔 차장님은 사장님의 오른팔이죠. 왜 사장님이 손차장님을 신뢰하는지 전 진짜 이해가 안 돼요.

B 손차장님처럼 아첨 잘하는 사람을 본 적이 없어요.

4 **be keen to sth** ~에 열정적이다(강하다)

A Two new hires are coming tomorrow, right?

B They are very keen to start work. They've been looking for jobs for more than a year.

A 내일 신입사원 두 명 오는 거 맞죠?

B 얼른 업무를 시작하고 싶어 하더라구요. 1년 이상 구직했다네요.

자주 쓰는 단어 **Voca**

concern 걱정, 우려 사항

specification (줄여서 spec) 사양, 스펙

pet (다른 사람들이 볼 때 특별히 불공평할 정도로) 총애를 받는 사람

suck-up 아첨쟁이

new hire 신입사원

be keen to 간절히 ~하고 싶어 하는

Review

한영 영어 말하기 091~095

앞에서 배운 문장을 말해보세요.
표시된 부분이 바로 떠오르지 않는다면 해당 부분으로 돌아가 패턴과 표현을 확인하세요.

01 시간 이미 충분히 드렸잖아요. 오늘 입금 안 되면 저희 변호사랑 얘기할게요. 091

02 걔네 여태껏 돈을 낸 적이 없고 현재는 망했어요. 091

03 코인세탁소는 연중무휴 24시간 동안 운영됩니다. 092

04 잠시만요. 문 열어드릴게요. 들어오세요. 092

05 클레어 씨 안녕하세요. 저 아이들이랑 같이 있어요. 빨리 얘기해줄 수 있어요? 093

06 2년 후 갑자기 매출이 왜 뛰는지 이해가 안 되네요. 093

07 제 차별화 요소는 고객서비스에서 5년간의 경험입니다. 저는 고객 지향적인 사람입니다. 094

08 이 제품에는 특수한 기능이 있어요. 단순한 레이아웃과 업그레이드된 내구성입니다. 094

09 저희 직원들은 디테일에 매우 강합니다. 요청하시는 대로 스펙을 조정할 준비가 되어 있기도 합니다. 095

10 그분처럼 아첨 잘하는 분을 전 본 적이 없어요. 095

영영 영어 말하기 091~095

왼쪽에서 복습한 문장을 영어로 완성해보세요.

문장을 완성하고 다시 한번 입을 열어 말해보세요.

01 You've ________ enough time. If there's no payment today, we're talking to our ________.

02 They have always ________ to pay and are now ________ ________ business.

03 The ________ is open ________.

04 Just a moment. I'll ________ up the door for you. Please come ________.

05 Hi, Claire. I'm with my kids. Can you ________ it ________?

06 I don't understand why sales suddenly ________ in two ________ time.

07 My 5 year experience in customer service is my ________. I'm a customer ________ person.

08 This product has special ________. The simple layout and the upgraded ________.

09 Our staff are very ________ to details. We're also prepared to ________ the specs as requested.

10 I've never seen anyone who's as ________ a suck-up ________ he is.

01 had, lawyers 02 failed, out of 03 laundromat, 24/7 04 open, in
05 make, quick 06 jump, years' 07 USP, -oriented 08 features, durability 09 keen, adjust 10 good, as

096 | Let me deal with it. 제가 처리할게요.

MP3 096

일하다 보면 누군가는 앞장서서 해결해야 할 사안이 있기 마련입니다. 직접 나서서 일을 처리하겠다고 하는 의지가 들어간 표현입니다.

A Hey, Ms. Hwangbo! What can I help you with?

B [1] Guess you'd know why I called. We didn't receive any money.

A What? We did pay you. 3,200 dollars on the 4th of July.

B Excuse me? [2] I don't see the money in the account. Are you sure it was us?

A Let me see. Oh, [3] my bad. I sent the money to another supplier. [4] Let me deal with it.

B Phew. Thank God!

A 황보과장님 안녕하세요! 무엇을 도와드릴까요?
B 제가 왜 전화했는지 아시잖아요. 돈을 전혀 못 받았어요.
A 네? 돈 드렸어요. 7월 4일에 3,200달러요.
B 무슨 말씀인지요? 계좌에 입금이 안 되어 있는데요. 저희한테 보낸 게 맞나요?
A 잠시만요. 아, 제 실수네요. 다른 공급업체에 돈을 보냈어요. 제가 처리할게요.
B 휴. 다행이네요!

더 다양하게 말하는 표현

Extras +

■ **돈이 들어오지 않았을 때 쓰는 표현**

I don't see the money. 입금이 안 되어 있는데요.
Nothing has been paid. 지불받은 것이 전혀 없습니다.
We have not received any payment yet. 아직 전혀 지불받은 것이 없습니다.

발음팁 [렛 미 디일 위ㅆ 잇] Let me deal with it.

'처리하다'를 뜻하는 deal with가 중요하니 deal의 '디'를 강조합니다. 끝에 with와 it은 연음이 되어 실제로는 '위딧'처럼 발음됩니다.

대화로 기억하세요.

Short **Talks +**

1 **Guess you'd know why ~** 왜 ~인지 아실 텐데요

A May I come in?

B Guess you'd know why you're here. Your performance was pathetic.

A 들어가도 될까요?

B 왜 여기 오셨는지 아실 텐데요. 성과가 처참해요.

2 **I don't see the money** 입금이 안 되어 있어요

A I'm telling you. I did pay you! $2,000 was transferred to your account.

B How come I don't see the money? Hmm. The time difference may have caused this.

A 제가 말씀드리잖아요. 돈 드렸다니깐요! 2,000달러 계좌 이체했어요.

B 왜 입금이 안 되어 있죠? 흠. 시차 때문에 그럴 수도 있겠네요.

3 **My bad** 제 실수예요

A Ooops. My bad. I'll get you a new copy right away.

B Not again. You think it's funny?

A 아이고. 제 실수예요. 바로 새로 한 부 뽑아서 가져다드릴게요.

B 또예요? 이게 지금 웃음이 나오는 상황인가요?

4 **Let me deal with it** 제가 처리할게요

A Regarding the billing to Donman, the AR is now 10 days overdue.

B Let me deal with it. I'm pretty sure they will pay us soon.

A 돈만사에 대한 청구서 관련 외상 매출금이 현재 10일 연체된 상태입니다.

B 제가 처리할게요. 곧 저희한테 지급할 겁니다.

자주 쓰는 단어 **Voca**

account 계좌
pathetic 가엾은, 한심한
transfer 이체하다
AR(accounts receivable) 외상 매출금
overdue 지급기일이 경과한, 연체상태인

097 | Can we do this later?

MP3 097

이거 이따가 할 수 있을까요?

일하다 보면 당장 처리하기 힘든 일이 발생합니다. 모든 업무를 즉시 할 수는 없으니 잠시 뒤로 미룬다고 할 때 이렇게 말하세요.

A **Could we [1] take a vote on it? This is getting nowhere.**

B **I agree. We have to move on.**

A **All [2] those in favor, please [3] raise your hands. [2] Those against, just stay put.**

B **Can we do this later? It's nearly one o'clock and everyone must be starving.**

A **I think we've discussed almost everything. We'll soon [4] come to an end.**

B **Okay. Let's do this vote.**

A 이 건에 대해 투표를 할까요? 진전이 없네요.
B 동감합니다. 진행해야 해요.
A 찬성하는 모든 분은 손을 들어주세요. 반대하는 분들은 그냥 가만히 계시면 됩니다.
B 이거 이따가 할 수 있을까요? 1시가 다 돼서 다들 배고플 텐데요.
A 논의가 거의 다 된 것 같아요. 곧 끝날 것 같습니다.
B 네. 투표하시죠.

더 다양하게 말하는 표현

Extras +

■ **분류할 때 쓰는 추가 표현**
Can we do this at another time? 이거 다른 때에 할 수 있을까요?

□ **설문조사, 여론조사 poll, survey**
Can we do a poll to find out what people think?
사람들이 어떻게 생각하는지 알기 위해 설문조사를 할 수 있을까요?

발음팁 [캔 위 두 디스 레이터?] Can we do this later?

Do(하다)와 later(나중에)가 중요하니 do의 '두'와 later의 '레'를 강조합니다.

대화로 기억하세요.

Short **Talks +**

1 take a vote on sth ~에 대해 투표하다

A We need to choose a new printing company. Shall we take a vote?

B Okay. Let me prepare some pieces of paper.

A 새로운 인쇄업체를 선정해야 합니다. 투표할까요?

B 그러시죠. 종이 쪽지 만들게요.

2 those in favor(against) 찬성(반대)하는 사람들

A Those in favor, press O. Those against, press X.

B What if I press nothing?

A 찬성하시는 분들은 O를 눌러주세요. 반대하시는 분들은 X를 눌러주시고요.

B 아무것도 안 누르면 어떻게 돼요?

3 raise your hands 손을 들어주세요

A If you have any questions, please raise your hands.

B How long have you been in the business?

A 질문 있으면 손을 들어주세요.

B 이 업계에서 일하신 지 얼마나 되셨어요?

4 come to an end 끝나다

A We are in difficult times. Business is very quiet.

B I'm sure it will come to an end soon.

A 요새 어려운 시기입니다. 장사가 너무 안돼요.

B 이 시기가 곧 끝날 겁니다.

자주 쓰는 단어 **Voca**

vote 투표
starve 굶주리다
printing company 인쇄업체
difficult times 어려운 시기

098 | Let me check the address.

MP3 098

주소 확인해볼게요.

주문이 제대로 배송되지 않았을 때는 가장 먼저 할 일이 주소를 확인하는 것입니다.

A **Hi, Mr. Cruise. Regarding the order we made last week, we didn't receive any items.**

B **Oh, really?** [1] Let me check the address. **24 West Boulevard CA 1780. Is that right?**

A **Yes, that's absolutely right.**

B **Hmm,** [2] you should have **the items** [3] by now. I looked it up **and it says 'Delivery Complete'.**

A **Well, I'll check once again. Someone else in the office** [4] might have picked it up.

B **I'll contact the delivery company and will get back to you.**

A 크루즈 씨 안녕하세요. 지난주 저희가 낸 주문 관련해서 물건을 받지 못했습니다.
B 그래요? 주소 확인해 볼게요. 24 웨스트 불러바드 CA 1780. 맞나요?
A 정확합니다.
B 흠. 지금쯤 물건을 받으셨어야 하는데요. 조회해봤는데 '배송 완료'라고 떠요.
A 저도 다시 확인해볼게요. 사무실에 있는 다른 사람이 집어 갔을 수도 있어요.
B 전 배송업체에 물어보고 다시 연락드리겠습니다.

더 다양하게 말하는 표현

Extras +

■ **물건이 아직 안 왔을 때 쓰는 표현**
Items have not arrived yet. 물건이 아직 안 왔는데요.
There are some missing. 일부 누락된 것 같습니다.

발음팁 [렛 미 첵 디 애쥬뤠스] Let me check the address.

Check(확인하다)와 address(주소)가 중요하니 check '첵'과 address의 '애'를 강조합니다.

대화로 기억하세요.

Short **Talks +**

1 **Let me check the address** 주소 확인해볼게요

A Let me check the address. Teheran-ro 712, QueenCa Building, 7th floor.

B Wait a second. Teheran-ro 721 Jonzal Building is the correct address.

A 주소 확인해볼게요. 테헤란로 712, 퀸카빌딩, 7층.

B 잠시만요. 테헤란로 721 존잘빌딩이 맞는 주소입니다.

2 **You should have sth by now** ~를 지금쯤 받으셨어야 합니다

A Did you get the email? You should have it by now.

B Nope. It's strange. I'll check the spam folder.

A 이메일 받으셨어요? 지금쯤 받으셨어야 하는데요.

B 아뇨. 이상하네요. 스팸함 확인해볼게요.

3 **I looked it up** 조회해(찾아)봤습니다

A Can you give me an update on the legal issue?

B I looked it up and I don't think we can win.

A 법적 이슈에 대해 업데이트 해주시겠어요?

B 찾아봤는데요 저희가 이기기 어려울 것 같아요.

4 **sb might have picked it up** 누군가가 집어 갔을 수도 있죠

A Did you see anyone here? I can't find my printouts.

B I just saw Randy walking out. He might have picked it up.

A 여기에 누구 있었나요? 제 출력물을 찾을 수가 없어요.

B 방금 랜디가 나가는 걸 봤어요. 랜디가 집어 갔을 수 있겠네요.

자주 쓰는 단어 **Voca**

strange 이상한, 수상한
spam folder(box) 메일의 스팸함
legal 법률과 관련된
look up sth ~를 조회하다, 찾아보다
printout 프린트물
pick sth up ~를 집어 가다

099 | Why did the goods return?

MP3 099

왜 물건이 반품됐나요?

물건의 반품이 들어왔을 때는 그만한 이유가 있습니다. 판매자는 왜 반품됐는지 확인하고 그에 맞는 추가 조치를 취해보세요.

A About 200 items have been returned this month.

B [1] Why did the goods return?

A Some customers claimed it did not help them [2] lose weight.

B It's hard to understand. We referenced many studies that did say it helps people lose weight.

A [3] It is what it is. You just can't [4] argue with what customers are saying.

B Right. Were there any other reasons for the return?

A 이번 달에 약 200개가 반품됐어요.
B 물건이 왜 반품됐나요?
A 일부 고객들이 주장하길 감량에 도움이 안 됐다고 하네요.
B 이해하기 어렵군요. 감량에 도움이 된다는 많은 연구를 참조로 달았잖아요.
A 어쩔 수 없죠. 고객이 말하는 것에 딴지를 걸 수는 없어요.
B 그렇죠. 반품에 대한 또 다른 이유는 있었나요?

더 다양하게 말하는 표현

Extras +

- **반품 관련 표현**
  We returned the item for an exchange. 교환하려고 물품을 반품했어요.
  We returned the item for a full refund. 전액 환불받으려고 물품을 반품했어요.

발음팁 [와이 디드 더 굿즈 리턴?] Why did the goods return?

의문사 why(왜)와 return(반품되다)이 중요하니 why의 '와'와 return의 '턴'을 강조합니다.

대화로 기억하세요.

Short **Talks +**

1 **Why did the goods return?** 물건이 왜 반품됐나요?

A Why did the goods return? This is becoming a headache.

B The customer claimed that the product color did not match the description on our website.

A 물건이 왜 반품됐나요? 이거 골칫거리네요.

B 고객의 주장에 따르면 제품 색상이 저희 홈페이지의 설명과 맞지 않대요.

2 **lose weight** 감량하다

A Have you lost weight? You look amazing!

B Haha, nice one. I actually gained some.

A 살 빠지셨어요? 멋져 보여요!

B 하하, 좋은 농담이네요. 사실 살이 좀 쪘어요.

3 **It is what it is** 어쩔 수 없죠

A Did you get the text message? There's an emergency meeting tomorrow morning at 7:30.

B It is what it is. I already canceled my plans for tonight.

A 문자 받으셨어요? 내일 아침 7시 반에 긴급회의가 있대요.

B 어쩔 수 없죠. 전 오늘 밤 약속 이미 취소했어요.

4 **argue with sb** ~와 다투다 / ~에게 딴지를 걸다

A Why do I have to do this? Don't you think it's about time to get rid of this general practice?

B I'm not here to argue with you. I want you just to do it.

A 이걸 왜 제가 해야죠? 이 일반적 관행이라는 것을 끝내야 할 때가 되지 않았나요?

B 전 당신이랑 다투러 여기 온 게 아니에요. 잔말 말고 그냥 하세요.

자주 쓰는 단어 **Voca**

reference 참조(로 달다)
headache 두통
match 일치하다
description 설명
gain weight 살찌다
get rid of 끝내다, (불필요한 것을) 없애다
general practice 일반적 관행

100 | The conditions were not met.

MP3 100

조건이 충족되지 않았습니다.

기존에 합의된 조건과 달리 상대방이 기준 이하의 제품을 보내왔거나 결정된 제품이 아닌 다른 제품을 제시하는 경우 항의하는 상황에서 쓰는 표현입니다.

A **Did you go over the items we sent you?**

B **Look, [1] the conditions were not met. We tested a couple and were extremely disappointed.**

A **Really? What was the issue?**

B **[2] According to our agreement, each unit should [3] weigh less than 300 grams. Our testing showed otherwise.**

A **That can't be true. We made sure that they all [4] met your criteria.**

B **You should come and see us here at the site.**

A 저희가 보내드린 품목 살펴보셨어요?
B 이보세요, 조건이 충족되지 않았습니다. 몇 개 테스트를 해봤는데 완전히 실망했어요.
A 정말요? 무엇이 문제던가요?
B 저희 계약에 따르면 개당 무게가 300그램 미만이어야 하는데요. 테스트 결과는 다르게 나왔습니다.
A 그럴 리가 없어요. 알려주신 기준치에 전부 부합하는 거 확인했어요.
B 여기 현장에 오셔서 저희랑 직접 만나시죠.

더 다양하게 말하는 표현

Extras +

■ **조건이 충족되지 않았을 때 쓰는 표현**

The quality was below standard. 품질이 기준 이하입니다.
Your product did not meet our requirements. 귀사의 제품은 저희 요구사항을 충족하지 못했습니다.

발음팁 [더 컨디션즈 워 낫 멧] The conditions were not met.

'조건'을 뜻하는 condition과 '않았다'에 해당하는 not이 중요하니 condition의 '디'와 not의 '낫'을 강조합니다.

대화로 기억하세요.

Short **Talks +**

1

The conditions were not met 조건이 충족되지 않아요

A I'm afraid we have to return your products. The conditions were not met.

B Exactly which condition was it?

A 유감이지만 보내주신 제품을 반품해야겠어요. 조건이 충족되지 않습니다.

B 정확히 어떤 조건이었나요?

2

According to our agreement 저희 계약에 따르면

A According to our agreement, expenses should be paid fifty-fifty.

B I know. But you paid less than what you were supposed to.

A 저희 계약에 따르면 비용은 반반 부담입니다.

B 알고 있습니다. 그런데 내셔야 하는 것보다 적게 내셨어요.

3

weigh less than+무게 무게가 ~ 미만이다

A This is too heavy. The carry-on luggage should weigh less than 12 kilos.

B Do I have to get back to the counter and check this in?

A 이거 너무 무겁습니다. 기내수하물은 12킬로 미만이어야 합니다.

B 다시 카운터에 가서 이걸 부쳐야 되나요?

4

meet one's criteria ~의 기준치에 부합하다

A I'd like to tell you that we're very pleased with what you sent us.

B Thanks. A lot of efforts were made to meet your criteria.

A 보내주신 것에 대해 저희는 매우 만족한다고 알려드립니다.

B 감사해요. 그쪽 기준치에 부합하도록 노력 많이 했습니다.

자주 쓰는 단어 Voca

disappointed 실망한
agreement 계약, 약정
criteria 기준
fifty-fifty 50:50으로, 반반으로
weigh 무게가 나가다
carry-on luggage 기내수하물
pleased 만족한, 흡족한

Review

한영 영어 말하기 095~100

앞에서 배운 문장을 말해보세요.

표시된 부분이 바로 떠오르지 않는다면 해당 부분으로 돌아가 패턴과 표현을 확인하세요.

01 왜 여기 오셨는지 아실 텐데요. 성과가 처참한데요. 096

02 돈만사에 대한 청구서 관련 채권이 현재 10일 연체된 상태입니다. 096

03 찬성하는 모든 분은 손을 들어주세요. 097

04 새로운 인쇄업체를 선정해야 합니다. 투표할까요? 097

05 지금쯤 물건을 받으셨어야 하는데요. 조회해봤는데 '배송 완료'라고 떠요. 098

06 사무실에 있는 다른 사람이 집어 갔을 수도 있죠. 098

07 어쩔 수 없죠. 고객이 말하는 것에 대해 딴지를 걸 수는 없어요. 099

08 제품 색상이 저희 홈페이지상 설명과 맞지 않는다고 고객이 주장하고 있어요. 099

09 저희 계약에 따르면 개당 무게가 300그램 미만이어야 되는데요. 테스트 결과는 다르게 나왔습니다. 100

10 조건이 충족되지 않았습니다. 몇 개 테스트를 해봤는데 정말 실망했어요. 100

영영 영어 말하기 095~100

왼쪽에서 복습한 문장을 영어로 완성해보세요.
문장을 완성하고 다시 한번 입을 열어 말해보세요.

01 Guess ________ know why you're here. Your performance was ________.

02 Regarding the billing to Donman, the ________ is now 10 days ________.

03 All those in ________, please ________ your hands.

04 We need to choose a new ________ company. Shall we ________ a vote?

05 You should have the items ________ ________. I looked ________ ________ and it says 'Delivery Complete'.

06 Someone ________ in the office might have ________ it up.

07 It is ________ it is. You just can't ________ with what customers are saying.

08 The customer claimed that the product color did not ________ the ________ on our website.

09 According to our agreement, each unit should ________ less than 300 grams. Our testing showed ________.

10 The conditions were not ________. We tested a couple and were extremely ________.

01 you'd(you would), pathetic 02 AR, overdue 03 favor, raise 04 printing, take
05 by now, it up 06 else, picked07 what, argue 08 match, description 09 weigh, otherwise 10 met, disappointed

보너스 표현

짧은 문장으로 비즈니스 영어력을 확 끌어올리는 표현을 추가로 모았습니다.
자기만의 문장 사전을 만들어보는 것도 좋습니다.

3단어 보너스 표현

- **Shall we begin?**
  시작할까요?

- **I can tell.**
  그래 보여요.
  » 일이 어떻게 돌아가고 있는지 알고 있다는 뉘앙스를 주고 싶을 때 이렇게 말해보자.

- **Are you finished?**
  끝내셨나요?
  » Are you done?은 너무 강압적으로 들릴 수 있다.

- **It's not fair.**
  불공평해요.

- **I'm nearly finished.**
  거의 다 했어요.

- **You're maybe right.**
  그럴 수 있죠.
  » 긍정도 부정도 하지 않겠다는 뉘앙스로 이렇게 말하자.

- **I mean it.**
  농담 아니고 진짜라니까요.

- **What's your point?**
  말씀하시는 요점이 뭔가요?
  » 상대방이 빙빙 돌려 말할 때 바로 요점을 물어보는 말이다. 아주 공손한 표현은 아니니 지나치게 변죽을 울리는 분위기라면 주의 환기용으로 쓰자.

- **It stays outstanding.**
  아직 입금 안 됐어요.
  » outstanding은 미회수, 미지급, 미처리된 상태를 의미한다. '아직 미지급된 상태로 있다'는 뜻이다.

- **How about you?**
  당신 생각은 어떤가요?

- **What about it?**
  그거 어떤데요?
  » '그거 관련해서 뭐요?' 즉, 상대방이 뜸 들이면서 말을 안 하고 있을 때 살짝 재촉하는 표현으로 쓴다.

- **This is hard.**
  힘드네요.
  » 한국 문화에서는 '내가 힘들다'지만 영어권에서는 '일이 어렵다'라고 한다. 단, 술 먹은 다음 날 힘들다고 말할 때는 I have a bad hangover이다.

- **That is history.**
  그건 이미 지나간 일이잖아요.

- **She works fast.**
  그분 업무처리가 빨라요.

- **Here you go.**
  여기 있어요.

- **Nice meeting you.**
  만나서 반가웠어요.

- **That's not acceptable.**
  절대 그렇게는 안 됩니다.

4단어 보너스 표현

- **How are you today?**
  안녕하세요?
  » 오늘 어떤지 안부를 묻는 느낌보다는 가벼운 인사 느낌이다. 너무 진지하게 답하지 말자.

- **Please keep in touch.**
  또 연락해요.
  » '또 연락해요'는 '다음에 뵈어요.'라는 의미도 된다. 헤어질 때나 이메일의 맺음말에도 자주 쓰인다.

보너스 표현

- **Let's take a break.**
  잠시 쉬었다가 하시죠.

- **I can handle it.**
  할 수 있어요.

  » '내가 충분히 이 일을 붙잡고 좌지우지할(handle) 수 있다.' 즉, '나에게 충분히 능력이 있다'는 것을 어필하는 표현이다. 자신감을 드러내며 말해보자.

- **I have no idea.**
  전혀 모르겠는데요.

- **It's not my fault.**
  제 잘못이 아니에요.

- **Maybe some other time.**
  다른 때에 하는 게 좋겠어요.

- **What do you mean?**
  무슨 의미죠?

- **Sorry for being late.**
  늦어서 죄송합니다.

- **That's not my job.**
  그건 제 일이 아니에요.

- **Please make a decision.**
  결정을 내려주세요.

- **We'll run a test.**
  테스트해볼게요.

  » 구매하기 전, 시판하기 전 시험삼아 해보는 것을 말한다.

- **We can accept that.**
  그것은 받아들일게요.

- **It will take time.**
  시간이 좀 걸릴 거예요.

  » 고객이 구매한 제품의 납기일을 지나치게 앞당겨서 요청할 때 이렇게 말하면서 방어해보자.

- **Can I leave today?**

오늘 퇴근해도 될까요?

- **The money is in.**
돈이 입금됐어요.
» 일반적으로 돈이 계좌에 입금이 되므로 뒤에 the account를 생략하고 이렇게만 말해도 된다.

- **Can you hear me?**
잘 들리세요?

- **I agree with you.**
동의합니다.

- **I don't think so.**
그렇게 생각하지 않습니다.

- **What is your number?**
전화번호 뭐예요?

- **I made a reservation.**
예약했는데요.
» 공항, 렌터카 회사, 호텔, 식당, 골프클럽, 마사지샵 등 모든 상황에서 '예약'에 대해 말할 때 사용할 수 있다.

- **Why did sales decrease?**
매출이 왜 하락했나요?

- **I usually leave late.**
전 퇴근을 보통 늦게 해요.

- **We'll place an order.**
주문할게요.

- **The gate has changed.**
탑승 게이트가 변경됐네요.
» gate 앞에 boarding이 생략됐다. 공항 사정상 탑승 게이트가 바뀌는 일은 아주 흔하다.

- **I'm happy with it.**
그 정도면 될 것 같아요.

- **I'll be gone tomorrow.**
저 내일은 가고 없어요.

5단어 보너스 표현

- **This is the market price.**
  시장가격은 이런데요.

  » 가격 협상을 할 때 기준이 되는 시장가격을 제시해보자.

- **Thank you for your time.**
  시간 내주셔서 감사합니다.

- **May I have a look?**
  좀 볼 수 있을까요?

- **So, what do you think?**
  그래서 어떻게 생각하시나요?

- **This is something for you.**
  당신을 위해 준비한 것입니다.

  » 귀한 손님을 위해 특별히 준비한 선물을 전달하면서 쓸 수 있는 표현이다. 살짝 오글거릴 수 있지만, 상대방한테 대놓고 하트를 날릴 수 있다.

- **Let's give it a try.**
  한번 해보죠.

- **So, what can we do?**
  그래서 무엇을 해야 할까요?

- **When is good for you?**
  시간은 언제가 좋으시죠?

  » 방문, 회의, 재협상 등의 일정을 잡을 때 쓰는 표현이다. when is는 자연스럽게 [웬스]로 발음하자.

- **What page are we on?**
  지금 몇 페이지예요?

- **May I start from here?**
  여기부터 시작하면 될까요?

- **When is the next meeting?**
  다음 회의는 언제인가요?

- **Do you have the data?**

데이터 있으신가요?

- I cannot leave on time.
  칼퇴 안 되겠는데요.

- It's the same mistake again.
  똑같은 실수네요.

  » 같은 실수가 계속 반복될 때 상대에게 경고를 주는 멘트로 쓸 수 있다. 상대방을 질책하는 뉘앙스를 담아 말한다.

- Can you check the email?
  이메일 확인하시겠어요?

- There's a lot to do.
  할 일이 많네요.

- Do you have bank details?
  계좌정보 있으신가요?

- It will take a day.
  하루 걸릴 것 같아요.

- We have some foreign subsidiaries.
  해외 자회사들을 가지고 있죠.

  » 조직의 구성을 말할 때 자주 쓰는 표현이다.

- The company has gone bust.
  회사 망했어요.

- The credit line is full.
  한도가 다 찼어요.

  » 자금 지급 여력이 없다, 즉 자금 사정이 안 좋다는 것을 나타낸다. 대금 지급을 미룰 때 흔히 쓰는 표현이다.

- We can agree to that.
  그 부분에 동의합니다.

- We can do 5% discount.
  5%는 빼드릴 수 있습니다.